编委会名单

主　编 ◎ 毛道生

副主编 ◎ 李　继　　程学琴

编　委 ◎ 税长荣　邱华兰　马振伟

　　　　刘　嘉　许丽萍　梁大才

　　　　李林一　华黄来　杨永成

　　　　李静书　叶晓琴　周　莉

　　　　杨　猛　谢俊昭

校本研修

——扎根教育现场的中小学教师实践智慧生成

毛道生 ◎ 主编

四川大学出版社

图书在版编目（CIP）数据

校本研修：扎根教育现场的中小学教师实践智慧生成 / 毛道生主编. — 成都：四川大学出版社，2023.3
ISBN 978-7-5690-5801-7

Ⅰ. ①校… Ⅱ. ①毛… Ⅲ. ①中小学教育－教学研究－文集 Ⅳ. ①G632.0-53

中国版本图书馆CIP数据核字（2022）第227529号

书　　名：校本研修——扎根教育现场的中小学教师实践智慧生成
　　　　　Xiaoben Yanxiu——Zhagen Jiaoyu Xianchang de Zhong-xiaoxue Jiaoshi Shijian Zhihui Shengcheng
主　　编：毛道生

选题策划：王　军　宋彦博　张艺凡
责任编辑：刘一畅
责任校对：庄　溢
装帧设计：墨创文化
责任印制：王　炜

出版发行：四川大学出版社有限责任公司
　　　地址：成都市一环路南一段24号（610065）
　　　电话：（028）85408311（发行部）、85400276（总编室）
　　　电子邮箱：scupress@vip.163.com
　　　网址：https://press.scu.edu.cn
印前制作：四川胜翔数码印务设计有限公司
印刷装订：四川煤田地质制图印务有限责任公司

成品尺寸：170 mm×240 mm
印　　张：9.5
字　　数：178千字

版　　次：2023年3月 第1版
印　　次：2023年3月 第1次印刷
定　　价：48.00元

本社图书如有印装质量问题，请联系发行部调换

版权所有 ◆ 侵权必究

扫码查看数字版

四川大学出版社
微信公众号

序

  教育活动不能只是从外部加以预设和给定，它本身蕴含着强烈的情境性、生成性与创造性。作为教育活动的主导者，教师身处错综复杂的关系网络之中，常常需要与不同性格的学生打交道。为了有效应对各种情形，教师需要发展出一种能成功解决问题且能广泛迁移的实践智慧。按照本书的观点，教师的实践智慧首先是理解的智慧。有实践智慧的教师，无论是面对作为生命个体的学生还是蕴含丰富意义的教材，都善于理解，进而做出相对正确的判断。其次，教师的实践智慧是平衡的智慧。有实践智慧的教师，能够平衡多个方面的关系和诉求，平衡各种不同的思想观点和思维方式，最终达到效果、效率和效益的最大化。最后，教师的实践智慧是转化的智慧。教育的重要任务在于转化，包括将未知转化为已知、将知识转化为素养、将消极转化为积极等。有实践智慧的教师，能够采取相对合理的措施解决教育活动中的转化问题。总的来说，无论是理解的智慧，还是平衡的智慧，抑或是转化的智慧，教师的实践智慧都是一种以思维为基础的判断能力，一种以判断为核心的综合能力，一种以综合为条件的问题解决能力。

  必须承认，阐释教师的实践智慧并不是一件容易的事情。我们更多的是从哲学家、科学家、政治家、教育家等人的身上看到或者感受到智慧的存在，因为他们在探求真理和执行工作的过程中常常表现出较强的洞察力、判断力、实践力与创造力。然而，当我们去阐释教师的实践智慧时，又常常觉得它就如同一个说不清、道不明的"幽灵"，只是偶然地存在于个别教师的身上。因此，本书没有过多地纠缠于实践智慧这个概念本身，而是直面"教师实践智慧的生成"这个更为重要、更为现实的课题。尽管我们难以完整地还原教师实践智慧生成与发展的全过程，但我们明确了以下三点认识：一是教师的实践智慧不是拼起来的。教师的实践智慧是一个由知识、实践经验等多种要素构成的有机整体。当教师面对特定的情境时，智慧就在这些要素之间的有机整合处产生。二是教师的实践智慧不是教出来的。从根本上讲，教师的实践智慧是不可教的。作为一种高度个性化的存在，教师的实践智慧建立在个体默会知识的基础上。

三是教师的实践智慧不是想出来的。大量的实践经验告诉我们：教师的实践智慧是做出来的。当教师面对特定的问题情境时，运用自身各种素养做出正确的判断、选择和行动，便体现出了智慧。正是基于以上三点认识，成都冠城实验学校确立了"扎根教育现场的校本研修"这一基本主张，试图借助教育现场解决教师实践智慧生成本身所需要的整体建构、自我建构和实践建构等问题。

应该说，扎根教育现场的校本研修为教师实践智慧的生成找到了一个更具智慧的实践路径。相对于脱离教育现场的教师研训，扎根教育现场的校本研修更具有真实性、亲近感、案例性、话题感、互动性、反思性。两者之间最为根本的区别在于是否依赖教育现场。教育现场本身便具有一种融合作用。对于教师实践智慧的生成而言，教育现场的这种融合作用主要表现在四个方面：一是知识（经验）与知识（经验）的融合。教育现场能够帮助教师建立各种知识或经验的联系，进而提高教师的整体认知力与综合理解力。二是理论与实践的融合。教育现场能够帮助教师建立理论知识与实践经验的联系，进而促进教师认知结构的持续重构。三是他人与自我的融合。教育现场能够帮助教师建立他人认识与自我认识的联系，进而完善教师的自我理解。四是知识与自我的融合。教育现场能够帮助教师建立教育知识与自我理解的联系，进而增进教师的自我反思。为了更好地发挥教育现场在教师实践智慧生成中的积极作用，成都冠城实验学校始终围绕"生长性课堂"和"生活化教育"两大校本研修主题，坚持"深度融入，持续研修"的工作思路，并着力引导教师在"问题生成""全息对话"和"自我反思"等核心环节中取得突破。

本书不仅有基本的理性追问，而且有务实的实践探索；不仅有完整的行动方案，而且有鲜活的研修案例。细细翻阅本书，你会发现，字里行间蕴含着教师们的教育情怀、思想火花和务实作风，呈现出成都冠城实验学校的凝聚力、谋划力和实践力。凡是有缘阅读此书的教育工作者，都会从中获得启发。

李松林

2021年11月8日于四川师范大学

前　言

　　党的十八大以来，我国教育改革和发展进入了一个新时代，教师作为推动教育发展变革的实践者也成为政府、学校和社会关注的焦点之一。《国家中长期教育改革和发展规划纲要（2010—2020年）》提出，要造就一支"师德高尚、业务精湛、结构合理、充满活力"的高素质专业化教师队伍，明确了教师专业发展的重要方向。2018年1月中共中央、国务院颁布的《关于全面深化新时代教师队伍建设改革的意见》，就全面提高中小学教师素质，建设一支高素质专业化的教师队伍提出了系列指导性意见。2018年9月10日，习近平总书记在全国教育大会上发表重要讲话时强调，教育是国之大计、党之大计，要坚持把教师队伍建设作为基础工作抓好。

　　校本研修是教师立足学校实践、围绕实践问题开展的研究，是教师专业发展和教育实践变革的重要途径。近十多年来，学界围绕校本研修进行了较为丰富的理论探讨和实践探索。成都冠城实验学校作为老牌的民办学校，始终坚持以立德树人为根本任务，以"五自立人"生长教育思想为指导，来构建学校育人体系。经过多年的实践探索，学校逐步形成了扎根教育现场的校本研修模式。在方法论层面，扎根教育现场的校本研修致力于教育实践的改善，体现了"为了教育现场"的基本取向，这是扎根教育现场的校本研修之"道"。具体来说，扎根教育现场的校本研修涵盖了问题察觉、问题筛选、问题确立等一系列实践策略。这些实践策略构成了一个完整的行动链条，成为扎根教育现场的校本研修理念落地生根的基础，体现了"在教育现场中"的行动路向，是扎根教育现场的校本研修之"术"。从道至术是从理念到策略的递进，只有悟其道理才能真正成其策略，由此形成"为了教育现场、在教育现场中"的方法路径。

　　扎根教育现场是校本研修的本义所在，将"扎根教育现场"作为校本研修的关键限定词，有利于促进校本研修回归本义，化解校本研修疏离于教育现场的问题，实现校本研修对于教师专业发展和教育实践变革的重要价值。扎根教育现场的校本研修是促进教师专业发展的主阵地，将校本研修扎根于教育现场，是促进教师专业发展的有效途径。扎根教育现场的校本研修也是推进教育

实践变革的"牛鼻子"。扎根教育现场的校本研修，将校本研修的组织机制与学校教育实践运行机制相融合，以解决教育现场中的问题为中心，通过校本研修来解决教育实践中的问题，进而推动教育实践变革，形成新时代学校教育高质量发展的实践路径。成都冠城实验学校在推进扎根教育现场的校本研修模式方面取得了显著的实践成效，涌现出了一批优秀的研修成果。学校课题立项数、发表论文数、赛课获奖数逐年增长，体现了教师的专业发展活力。教师通过校本研修逐渐走上主动自觉的专业发展之路。成都冠城实验学校推广扎根教育现场的校本研修以来，"五自立人""生长教育""核心素养""整全育人"等教育思想和理论不断转化为切实可行的教育行动，立德树人的教育方针得到了有效贯彻，学生综合素养也显著提升。学校承担的"高品质学校校本研修策略研究"课题获得四川省重大课题一等奖（"高品质学校建设的探索与实践"子课题）；学校经验总结《成都七中实验学校（成都冠城实验学校）五年发展规划（2020年9月—2025年8月）》获得四川省"十四五"高品质发展规划优秀案例一等奖。在首届中国基础教育论坛暨中国教育学会第三十三届学术年会的"高品质学校建设的'四川'探索与实践"论坛上，学校以"基于教育现场的校本研修：高品质学校建设的'牛鼻子'"为题，做了经验交流。

　　本书以成都冠城实验学校近年来的校本研修实践为基础，结合具体案例对扎根教育现场的校本研修的理念和方法做了一个系统化的梳理，既是对过往经验的总结，也是未来进一步探索的基础。作为成都冠城实验学校教师的校本研修成果的梳理和阶段性总结，本书中的研修实践案例均为成都冠城实验学校教师的亲身经验，反映出成都冠城实验学校教师的校本研修实践智慧。

　　本书编撰工作由成都冠城实验学校教师发展中心具体组织实施。在编撰的过程中，每一个参编教师虽然都付出了很大的努力，但仍难以完整呈现成都冠城实验学校全体教师校本研修的生动全貌，唯能以点带面，以典型案例呈现。由于学识和能力的局限，书中难免存在诸多问题，敬请学界同仁批评指正。

目　　录

第一章　困境与出路：校本研修应扎根于教育现场……………（1）
　　第一节　校本研修疏离于教育实践的现实困境………………（1）
　　第二节　扎根教育现场是校本研修的应有之意………………（5）
　　第三节　扎根教育现场是校本研修的通达之途………………（8）

第二章　定义与转化：扎根生动的教育现场……………………（19）
　　第一节　教育现场的问题意识…………………………………（19）
　　第二节　教育实践的问题定义…………………………………（31）
　　第三节　面向问题的实践作为…………………………………（43）

第三章　方法与过程：深度融入教育实践………………………（58）
　　第一节　初始性行动方案………………………………………（58）
　　第二节　过程性评估反馈………………………………………（66）
　　第三节　研修的持续深入………………………………………（75）

第四章　组织与保障：多维立体的保障机制……………………（79）
　　第一节　校本研修的组织协作…………………………………（79）
　　第二节　校本研修的资源整合…………………………………（101）

第五章　沉淀与表达：教师实践智慧的卓越提升………………（113）
　　第一节　校本研修中的全息对话………………………………（113）
　　第二节　教育智慧的叙事表达…………………………………（131）

第一章　困境与出路：校本研修应扎根于教育现场

教师是教育改革的践行者，任何一项教育改革最终都需要落实到教师的行动上。教师打破教学常态，以自我革命的精神开展变革型的教学实践，是教育改革成功的重要条件。《国家中长期教育改革和发展规划纲要（2010—2020年）》提出造就一支"师德高尚、业务精湛、结构合理、充满活力"的高素质专业化教师队伍，为教师专业化的发展指明了方向。2014年教育部颁布了《教育部关于实施卓越教师培养计划的意见》，首次提出"卓越教师"的概念和目标，要求"培养一大批师德高尚、专业基础扎实、教育教学能力和自我发展能力突出的高素质专业化中小学教师"。2018年9月10日，习近平总书记在全国教育大会上强调，教育是国之大计、党之大计，要坚持把教师队伍建设作为基础工作。一方面，社会经济的快速发展和教育的变革对教师提出了新的要求；另一方面，教师时常在充满不确定性的教学实践中建立和维持一种惯常化的教学。惯常化的教学往往会难以适应教育改革的需要，难以有效回应社会经济发展对教育提出的新要求。要切实推进教育改革，实现教育发展，需要建立一种变革型的教育实践样态，以教师变革型的教学实践实现教育的发展变革，以教育的发展变革适应社会的发展变革。

第一节　校本研修疏离于教育实践的现实困境

校本研修需要真正深入教育实践，扎根于教育现场，在实践中去探索生成符合本地实情和时代发展需要的校本研修实践样态。当前校本研修的理论研究主要集中于对校本研修的概念辨析、方法介绍、价值阐释等方面。应当肯定，校本研修的理论研究有其必要性和独立价值，对教育研究领域的学者来说，具有开拓思维、厘清认识、指明研究方法等重要意义。但是，要实现校本研修的理论研究的最终价值，需要将其转化到实践中。"凡是把理论引向神秘主义的

神秘东西，都能在人的实践中以及对这个实践的理解中得到合理的解决。"①脱离了实践的校本研修理论研究，无论其理论多么深刻，都不能实现校本研修的真正价值，校本研修生命力也会因为失去了行动的根基而陷于枯竭。脱离实践的校本研修理论研究悬空于概念与理念的思辨中，只能在既有校本研修的概念、话语中拼贴，难以实现校本研修的理论发展和实践价值。

一、校本研修的主体之困

在校本研修的基本理念中，教师是真正的行动主体。教师以教育实践中的现象和问题为研究对象，以促进教育实践变革为目的，通过校本研修塑造创新型教育实践样态。校本研修是基于实践问题的研究，目的是解决教育实践问题。以扎实的实践研究为基础所形成的研究报告是实践研究过程和效果的自然表达，其中实践研究效果体现为教育实践的变革和教师的专业成长。

经由理论的传播和启发，校本研修作为一种方法或理念，对作为教育改革践行者的中小学教师产生了重要的影响。对于这一点，大量的校本研修案例和各级教育科研课题可以证实。然而，我们也可以发现，在教育实践中开展的校本研修，其研究的方式与效果并未真正体现出"行动"的本意，往往是一种"言说"的研究。其研究的问题常趋向于跟随时新的理论热点，将时新的理论转化为实践中的话语表达。"以理论指导实践"也体现了校本研修的基本理念，但如果以适应理论热点作为提出研究问题的方式，仅是为了获得理论的认同，则有悖于校本研修扎根教育实践的本意。此外，校本研修的效果体现为教育实践的变革和教师的专业成长，其研究报告应该是对研究过程和效果的真实表达，但在实际情况中，研究者在撰写研究报告时，往往过度倾力于对研究成果的描述，而忽略了研究过程和研究效果。

将理论向实践转化，需要以批判反思的眼光审视常态的教育实践，在实践中定义问题和解决问题。校本研修是对实践的研究，也是在实践中的研究，其研究的过程即是实践的过程。在此过程中，教师以既有的经验为基础，开拓思维，以自我革命的精神改造既有经验，变革实践。阿吉里斯与舍恩将人的行动理论区分为使用理论和信奉理论，"当我们问某人在某种情境下会如何行动时，答案往往是此人在那种情境下的信奉理论……但是，事实上指导他（她）行动

---

① 中共中央马克思恩格斯列宁斯大林著作编译局. 马克思恩格斯选集 第1卷 [M]. 北京：人民出版社，1995：56.

的是使用理论"，①但人们往往意识不到两种理论之间的不一致性。现有的一些校本研修倾向于用时新理论话语包装常态经验，并没有真正以问题的眼光重新审视教育实践经验，更多的是将常态的实践予以时新理论的"涂层"。在时新的理论话语下，真实的教育实践仍处于惯常的经验套路中，研究实践过程中的调查、观察和反思等环节却被忽略或淡化。由此可见，校本研修之主体——教师，更多的只是获得了校本研修的话语标签。在理论提出者与实践者的话语共识之中，校本研修对于教育变革和教师发展的价值并未得到彰显。可以说，校本研修活跃于言说之中，游离于实践之外。

二、校本研修的行动之困

校本研修的规范性和教师日常教学的常态性，导致校本研修与教师日常教学之间存在着嵌入性阻隔，由此形成校本研修的行动之困。校本研修需要将系统的规范性研究过程与方法嵌入教师的日常教学中，以达到改革教育实践的目的。教师的常态教学由学校的制度规范和教师的教学惯例构成。在常态教学中，教师未必能自觉地追寻教学的变革与创新，而是被动地应对各项常规性教学事务，按照惯例处置突发性教学事件。教师在应对常规性教学事务时可参考学校教育教学管理运行机制和校内教师集体经验，循规蹈矩地处理各种问题。在突发性的教学事件中，由于事态紧急，教师也未必有充分的时间来设计与谋划。在常态教学中，教师终日忙碌，难以完整地制订和实施研究与行动计划，不能有效地将日常教学事务转化为反思性行动。

教师习惯于服从组织内部规定或俗成的教学惯例，并以此应对教学中的各种突发问题，维持其教学工作"日复一日"的稳定性。这种稳定性削弱了教师通过研究来寻求变革的动能。"教师往往对现实教学生活世界中各种既定的教学目标、教学内容、教学理论、教学制度等缺乏系统、深入地反思和批判，往往不假思索地就直接接受了各种规定性，习惯成自然，未必合理的规定可能被视为理所当然的工作内容。"②当教师尝试在教育实践中定义并解决问题时，可能会发现，随着认识的深化，又会有新的问题和新的定义，且从进行的研究中获得的结论和经验，也不能完全推广到其他教育实践情境中。如果不能对问

---

① 〔美〕克里斯·阿吉里斯，唐纳德·A. 舍恩. 实践理论：提高专业效能［M］. 邢清清，赵宁宁译. 北京：教育科学出版社，2008：6.

② 官进胜. 论教学活动的二重性理论及其实践缺失［J］. 南京师范大学学报（社会科学版），2011（03）：110—115.

题的边界进行恰当的处理,研究往往容易陷入劳而无果的困境。对教师来说,在复杂、无边界的教学实践中,需要通过常态教学获得实践的确定性,尤其是在时间紧张的情况下,对这种确定性的依赖越强烈。教师对实践确定性的依赖,也在很大程度上决定了教师的教学活动具有相当的保守性。规范性研究与常态化实践之间的张力使校本研修难以有效嵌入日常教育实践中。

三、校本研修的组织之困

教师要突破常态教学,以研究促成变革,需要将学校作为实践共同体,与其协同合作。校本研修的一个重要特征是需要建立教师的协作机制,在问题的提出与论证,行动方案的提出、实施与评估过程中相互合作,于智慧共享中实现实践共同体的经验重组与改造。然而,教师在将学校作为实践共同体进行协同合作的过程中,会受到教师教学实践的个体主义倾向和学校的控制主义倾向的双重阻碍。

教师的常态教学中不同程度地存在着个体主义的倾向。教师的教学实践具有显著的情境特殊性,每位教师的工作对象、内容和情境都有其独特性,这在一定程度上使普遍性的原理难以直接地转化为普遍性的经验,也使教师通过教育实践所积淀的经验具有个体主义倾向。在学校组织管理体系中,教师是重要的一环,由于各科任教师往往各司其职,其教学权利与责任边界削弱了教师之间进行协同研究的紧迫感,加强了教师对个体经验的重视,从而妨碍了教师共同经验的形成。基于上述因素,教师会有一种"自主权共识",即教师之间彼此认同各自的教学权利和责任,不干预各自的教育实践行为,在学校基本文化与制度的框架内,包容各自在教学策略上的差异性。教师的自主权共识强化着教师教学实践的个体主义倾向。教师教学实践的个体主义倾向是一把双刃剑,既可能是教师教学变革的契机,也可能会使教师固化于个体经验,形成封闭的"惰性知识",拒绝变革。

学校为实现教学管理的目标,往往依循"目标—控制—考核"的工业主义管理逻辑。学校通过"年级组—教研组—教师"这一自上而下的权利控制体系来贯彻学校的教学目标,通过控制教师自主权消除潜在的僵化经验。学校对教师教学实施的过程监督,设立具有竞争性的教学业绩评价考核机制等,导致学校功能目标的窄化。教学研究很少纳入学校现有的管理机制和评价机制之中。学校内在制度运行更多的是将教师纳入事务性的管理中,既有的教研组和备课组也因为并不具备相应的资源配置权力,无法成为自上而下的行政信息传达机制，不能有效支持致力于学校教学实践变革的校本研修。在学校缺乏有效的教学研究机制的情况下，教师依靠自发研究实现协同合作的校本研修相对比较困难。

第二节 扎根教育现场是校本研修的应有之意

校本研修是一种扎根于教育现场的常态性教师培训行为。教师培训可以分为专项培训和常态培训。专项培训由各级教师培训机构组织实施，以短期集中研修和远程学习为主要培训方式。举办专项培训的目的或是为全体教师普及某方面知识，或是为某类教师完善某方面知识，或是促进某类教师的整体能力提升。常态培训则主要是指校本研修。它是根植于日常教学实践、贯穿于教学活动全过程的培训活动。专项培训和常态培训构成了教师职业生涯全程学习的支持系统，形成了理论学习和校本研修相结合、通识培训和专业学习相结合、基本技能提升和教学素养积淀相结合的多维度、多层级、立体化的教师培训体系。

一、何为教育现场

教育现场泛指开展教育实践活动的场所，它具有时间即时性、空间在场性、教育实践者的切身性以及问题的真实性等特点。校本研修的核心思想在于以校为本，而以校为本的关键就在于扎根教育现场。在教育现场，教师能真切地感受到教育的复杂性与灵动性，能更准确地发现教育现场中存在的问题并找到合适的解决方法。如李政涛所论，教育现场是教师生命所在的地方，教师在教育现场的学习是最符合教师职业特性的学习方式。[1] 教育现场具有教育性。在教育现场，教育者与受教育者敞开心扉，以引导生命成长的敏感性发现、定义和解决问题。教育现场具有现场性。以现场的视角审视教育实践，意在强调教育实践的情境性、体验性、即时性和弥散性。一切教育的疑难、研究与变革必然体现在教育实践的现场中。

教育现场是教师研究与学习的主要场所。从语素上分析，"现场"的"现"指的是"现在、此刻、目前"；"场"大致是指场景——突出情境性。扎根教育

---

[1] 李政涛. 现场学习力：教师最重要的学习能力 [J]. 人民教育，2012 (21)：45-46.

现场的校本研修，是教师根据特定的研修主题、研修对象、研修方式，在特定的研修场地进行的个性化、特色化的学习和研究实践活动。校本研修中的"校本"，其要义是"基于学校""通过学校""为了学校"，强调的是"研修"的基本条件、基本方式、基本目的。

扎根教育现场的校本研修强调将校本研修真正立基于教育现场中，以教育现场中的问题为中心，将校本研修的组织机制与学校教育实践运行机制相融合，以解决教育现场的问题、提升教育实践水平为导向，让教师获取在教育现场中的实践智慧。教育现场是开展校本研修的重要场所，校本研修的"以校为本"所指的就是要将教师的教育教学研究、教师专业发展立基于教师的教育实践现场——学校。因此，我们之所以将"扎根教育现场"作为校本研修的关键词，就是要通过强调校本研修的根本特征，促进校本研修回归原点，实现校本研修对于教师专业发展和教育实践变革的重要意义。

二、何以扎根教育现场

校本研修是一种实践性极强的专业活动，须臾离不开实践现场。因此，教师的学习也要在一个个生动的教育现场中进行。学校开展扎根教育现场的校本研修，阐明现场活动的直接性原则，可以使校本研修的自主性和开放性得以体现，也可以使校本研修的发展性和激励性得以发挥。校本研修是根植于学校教育实践，由作为教育改革践行者的学校教师在教育实践中进行，为解决教育实践问题，提升教师专业水平和学校教育水平而进行的研究行为。校本研修是以实际问题为切口，以教师的专业发展需求为目标，以学校资源为依托，在学校、教师自我反思的基础上，在教师发展共同体的影响下，实施的教师教育与教育研究有机融合的活动。教育实践问题是校本研修的中心，教师是校本研修的主体，学校是校本研修场所，由学校教师一起构成的实践共同体是校本研修的组织实施机制。

扎根教育现场的校本研修覆盖教师教育实践的泛在研修。校本研修是有计划、有组织地开展起来的学习与研究，教师通过现场活动的开展，丰富实践经验，提升知识与技能，达到受教育的目的。校本研修基于"校本"问题，目的是通过现场实践性活动分析问题，寻求解决问题的方法与途径。校本研修的教育现场就是一个问题场、学习场、教育场。扎根教育现场的校本研修可进一步分为现实场域的校本研修、虚拟场域的校本研修以及虚实场域结合的校本研修三种。其中现实场域的校本研修包括教学现场校本研修、教研现场校本研修和培训现场校本研修等。虚拟场域的校本研究主要指广域教育现场校本研修，如在线校本研修、网络校本研修、自主校本研修等。广域教育现场校本研修正在改变教师校本研修的"行走方式"，带来了一场从"虚拟"走向"真实"的创意研修变革。网络技术跨时空交流的特性，拓宽了教师互动交流的空间，放大了指导专家辐射范围。教师可灵活地选择、定制研修内容，促进了教师专业发展和主体意识觉醒。传统意义上的教育现场校本研修在新技术、新挑战出现的背景下获得了新发展。

扎根教育现场的校本研修应当涵盖从"问题生成与论证""研究过程组织"，到"研究结论评估与反馈""教育实践智慧沉淀"的体系化过程。将校本研修扎根教育现场，就是要通过校本研修来解决教育实践中的问题，进而推动教育实践变革和教师专业发展。教师身处常态化的教育实践中，往往缺乏透过现象发现教育问题的洞察力，难以将教育实践中的困惑转化为可研究的问题。因此，要制定扎根教育现场的校本研修策略，应首先制定扎根教育现场的问题生成与论证策略，并制定一套科学有效的研修过程组织策略。一方面，校本研修是一个规范的教育研究过程，涉及科学的研究程序与资源整合；另一方面，校本研修也不是教师的个体化行为，其顺利进行有赖于教育实践共同体的组织协作。缺乏科学有效的过程组织机制，校本研修就会成为空泛的宣讲或随意化经验论证。只有建立和完善校本研修过程组织策略，才能将校本研修从理论转化为可持续的实践行动。校本研修的问题是教育实践问题，校本研修所形成的结论应当是以优化教育实践为目的，其有效性不仅有赖于理论的论证，还有赖于实践的检验、修正和完善。任何研究都不可能一劳永逸地解决教育实践中的所有问题，一个问题的解决往往意味着新的问题的出现。在不断发现问题、解决问题的过程中，教育改革得以实现。因此，扎根教育现场的校本研修还需要制定有效的研究结论评估与反馈策略。此外，校本研修的根本目的在于通过对有限问题的持续性研究，沉淀和累积教育实践智慧，通过对复杂性问题的有效解决，促进教育实践变革和教师专业发展。因此，要开展扎根教育现场的校本研修，还需要制定教育实践智慧沉淀策略，从而有效发挥校本研修价值。

三、扎根教育现场的意义

开展扎根教育现场的校本研修，有利于推进教育实践的改革。扎根教育现场的校本研修制度与管理方式，适用于各类中小学教育培训、继续教育等校本研修活动。"研究—变革—推广"的一体化机制，为名校与帮扶学校、公办学

校与民办学校、城区学校与乡村学校、个体与集体的校本研修合作提供了可参考的范例，有助于校本研修"共同体"的协作发展。此外，扎根教育现场的校本研修成果可为深度研究教师培训提供参考，为促进学校发展、教师发展以及校本科研发展提供借鉴。

构建扎根教育现场的校本研修策略将有利于沉淀教师实践智慧，促进教师专业发展。校本研修的最终目的是通过对教育智慧的凝结来促进教师专业发展，若没有实现"转识成智"，教研活动就会沦为"点卯考勤"的形成任务，对教师的"修"是低效，甚至是无效的。教育智慧作为一种实践智慧，具有"具身化"的特点，是教师在充分体验和深刻感悟后积累而成的。在扎根现场的校本研修活动中，教师之间需要进行充分沟通，每个人都要发表意见，参与讨论，把个人的点滴见解或者想法汇聚成集体智慧，传递给每个老师，成为个人智慧的增长点。更进一步讲，教师成长的生态环境是影响教师职业发展的重要因素，通过扎根教育现场的校本研修，营造有利于教师发展的良好生态，鼓励教师进行有效的教育实践及反思，对促进当前教师专业发展具有重要意义。

开展扎根教育现场的校本研修，有利于推进高品质学校建设。教学过程中的矛盾的产生、发展和变化，是教学过程得以存在并不断发展的动力。[①] 通过研究校本研修过程中教师的表达策略，可以帮助教师"输出"经验，供其他同事参考。在实践中，使理论培训与实践经验有机结合，可以提高校本研修的实践性和目的性。通过研究教师在开展校本研修过程中使用的内省策略，可以激发教师专业发展的内生力，催生教师自我实现的欲望和职业幸福感，激活教师开展自我研修的内动力和自觉反思的内省力。通过研究教师在开展校本研修过程中使用的对话策略，可以让教师在学习培训、交流讨论中进行思维碰撞，集思广益，形成集体智慧，达成在"学习共同体"中合作成长的目的，从而有利于建设高品质学校。

第三节 扎根教育现场是校本研修的通达之途

要真正实现校本研修对于提升教师专业发展，沉淀教师智慧，推动教育实践水平的重要价值，就必须促进校本研修从言说走向行动。校本研修从言说走向行动，需要教师的内生动力、学校组织机制变革和有效的外部保障。这有赖

---

① 李朝辉. 教学论［M］. 北京：清华大学出版社，2016：73.

于教师打破常态教学，追求卓越的教育品质，有赖于以反思性实践共同体的构建来化解教师个体主义倾向与学校管理之间的冲突，有赖于打破体制障碍，真正形成更具开放格局的长效合作机制。

一、构建扎根教育现场的校本研修策略

成都冠城实验学校将校本研修扎根教育现场，鼓励教师在教育现场中研究和解决问题，沉淀教育智慧，推进教育实践变革。经过长期的实践探索，成都冠城实验学校初步形成了涵盖问题提出、方案制定、智慧生成、组织保障等环节的扎根教育现场的校本研修模式（见图 1.1）。

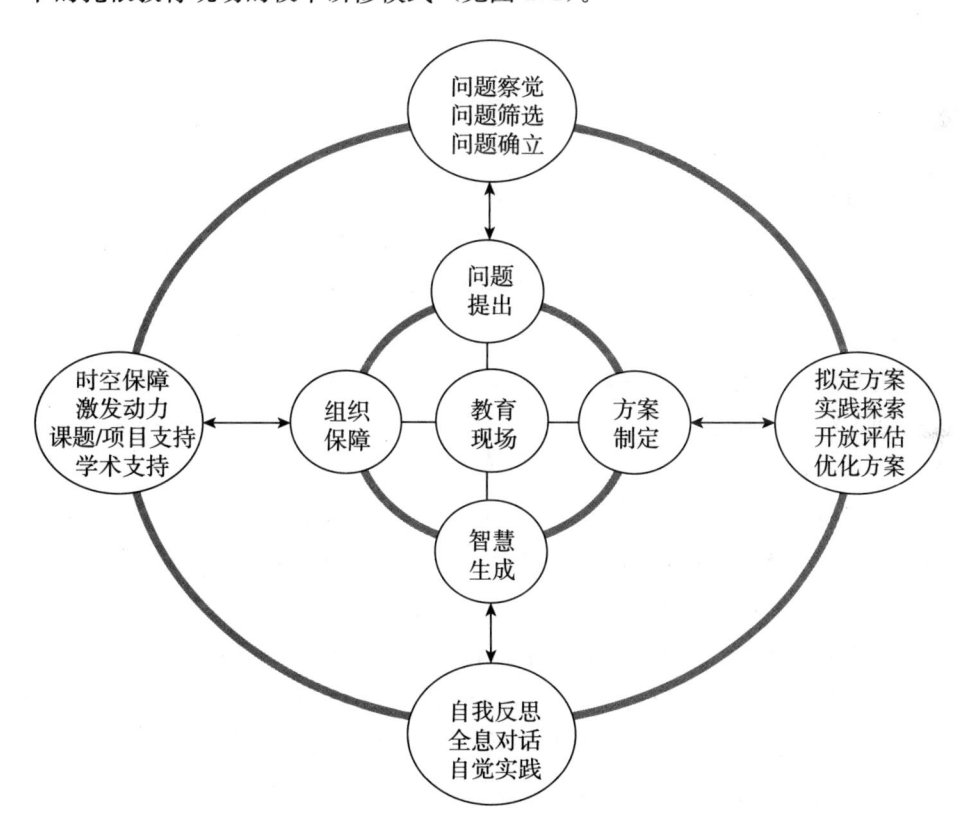

图 1.1 扎根教育现场的校本研修模式

（一）扎根教育现场的校本研修的问题提出策略

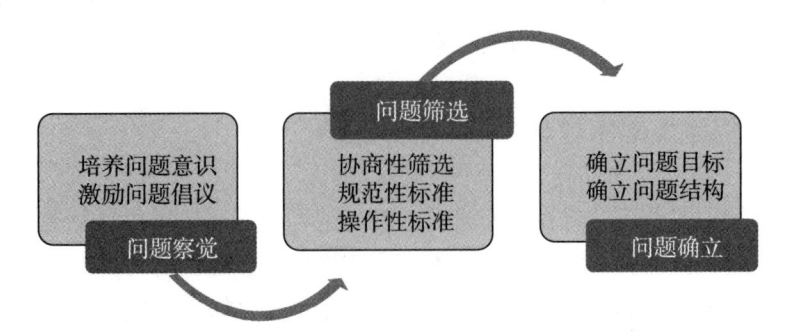

图 1.2　扎根教育现场的校本研修的问题提出策略

1. 问题察觉

培养问题意识：教育现场中的问题源自理想与现实的落差，教师需从应然的教育理念出发，重新审视自身的日常教育实践，察觉实践中产生的问题。学校需要通过一系列的活动渗透、仪式动员和符号表达，引导教师充分理解和认同学校的教育理念，激发教师提出扎根教育现场的校本研修相关问题。

激励问题倡议：在学校教育理念的指导下，教师对教育现场应具有较强的问题意识。从问题意识到问题觉察在过程上是内隐的，在形式上表现为教师发起问题倡议。例如，成都冠城实验学校建立了各层级的研修问题征集制度及奖励制度，向教师征集研修问题。

2. 问题筛选

协商性筛选：从察觉研修问题到确立问题，需要由以学科教学为中心的教研组、以学生教育为中心的年级管理组或其他课题研究组织通过协商对问题进行筛选。

规范性标准：校本研修的问题应符合"合目的、合规律、合道德"的标准，具体来说，校本研修的问题应当符合教育的根本目的，符合生命成长的基本规律和教育的基本规律，应当符合教育的伦理规范，体现教育的道德境界。

操作性标准：教师立足于教育现场，基于问题和经验而研究，遵循"真、小、实"的原则。所谓"真"，是指研究真问题，而不是虚构的问题。所谓"小"，是指教师要注意发现教育实践中的具体问题，特别是在教育实践中产生的困惑和发现的不足，这些问题是教师通过努力可以解决的。所谓"实"，是指研究过程要扎实，教师应通过研究来改革自己的教育实践，不搞形式主义的研究。

3. 问题确立

确立问题目标：教育问题源于理想与现实的落差，在具体问题的解决上，需将理想转化为具体可实现的目标。这个目标应该既具有理想性，又具有可操作性，目标越具体，问题的结构越清晰，解决问题的方法越具体，判断问题是否已经解决的标准也越明确。

确立问题结构：教育实践中的问题不是孤立的，而是系统性的。确立问题结构的关键是要厘清中心问题与次要问题，掌握各个问题的逻辑关系，以确保后期校本研修活动能抓住要害，循序渐进。

（二）扎根教育现场的校本研修的方案制定策略

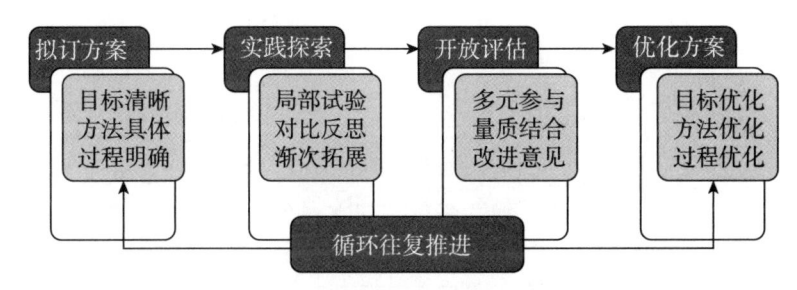

图1.3　扎根教育现场校本研修的方案制定策略

1. 拟订方案

在确立问题之后，教师通过协同研修拟定教育教学行动方案。教育教学行动方案是问题与目标之间的桥梁，在拟订方案时，应尽可能考虑教育现场的相关要素，确保方案的可操作性。

2. 实践探索

实践探索主要指在一定范围内（班级、年级）或一定时间段（学月、学期）实施拟订好的教育教学行动方案。教师在动态复杂的教育现场将拟订好的教育教学行动方案在付诸实践时，应当抱着开放的态度，在实践中对其进行检验和完善。在实施方案的过程中，教师还要进行细致的过程性记录，定期组织研修会议，分析方案实施的关联因素，对比方案实施前后教育教学的变化。

3. 开放评估

只有经过有效的开放评估才能掌握教育教学行动的实际效果，开放评估的标准主要包括目标的达成度、实现目标过程与方法的科学性三方面。开放评估的主体包括执行方案的教师自评、研修团队组织评估、学生评估、学校学术委员会评估。开放评估的方式主要是将制订量化评价量表与调查、访谈等质性方

法相结合。开放评估目标主要在于发现问题，在原有的基础上对方案进行进一步的修正和完善。

4. 优化方案

从拟订方案到实践探索再到开放评估不是一次性就能完成的，而是一个循环往复的过程。在实践探索和开放评估的基础上，研修团队教师根据前期反馈效果，对原有方案进行优化设计。在优化方案的时候，教师需按照特定的维度进行比较研究。

（三）扎根教育现场的校本研修的实践智慧生成策略

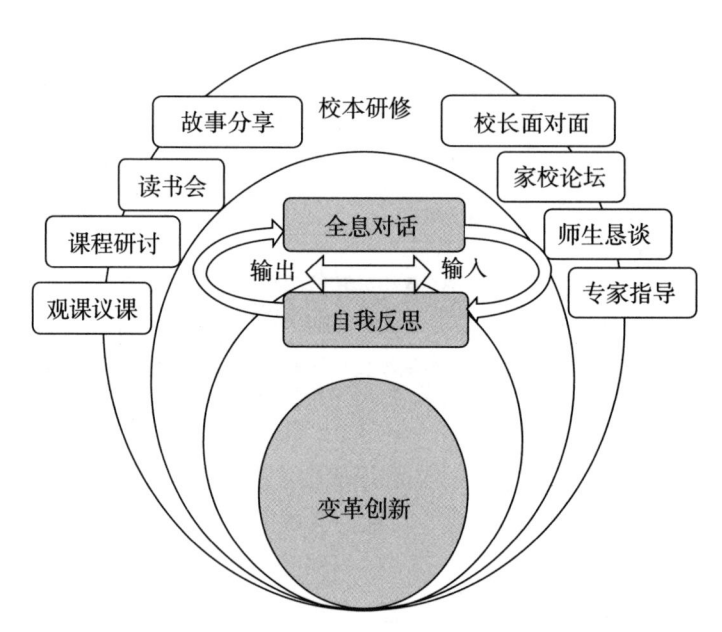

图 1.4　扎根教育现场的校本研修的实践智慧生成策略

1. 自我反思

以阅读促进反思：学校引导教师以阅读促进反思，既包括对教学方法的反思，也包括对教育理念、生命内涵的根本性反思。成都冠城实验学校为教师购买或推荐了一些参考书，如《人是如何学习的》《教育的情调》等书籍，定期组织教师读书会，鼓励教师通过阅读领悟先进教育理念，培养人文精神，参悟生命智慧。

以表达促进反思：学校主张"输出即输入""将话筒交给老师"，鼓励教师通过对外表达促进自我反思。教师在自我反思中不断总结经验、提升境界，自觉生成教育实践的智慧。

2. 全息对话

研修中的全息对话指的是以教育为主题、面向所有相关者的对话，这种对话是一种活动，通过这种对话，教师可以分享经验，深化认识。全息对话包括以下几种模式。

与同事对话：学校通过组织经验交流会、故事分享会、课程与教学专题讨论会、日常听评课交流会等活动，鼓励教师对自己教育教学经验进行梳理与分享，鼓励教师之间交流讨论。

与学生对话：学校通过组织专门的师生恳谈会、"校长约你面对面"等活动，鼓励教师与学生对话。通过与学生的对话，教师可以深化对学生的理解和对教育活动意义的理解。

此外，全息对话还包括与专家对话、与家长对话等。成都冠城实验学校通过组织专家进校园和鼓励教师外出参加学术会议等方式，鼓励教师与专家对话，坚持将引进来和走出去相结合，使教师拥有更加宽阔的视野与更高的格局。学校设立家长接待日，建立由班级家委会、年级家委会和学校家委会构成的家校沟通机制，开办家长学校，举办"最懂你的教育"家长高峰论坛，以此鼓励教师与家长对话，促进教师更全面地理解学生成长。

3. 变革创新

教师实践智慧的生成体现在教师形成自觉的变革创新型实践样态之上。教育实践的变革创新是实践自觉的具体表现，为此，学校提供了教师更为宽松的实践能动空间，鼓励教师将每项工作、每个问题作为研修样本，大胆进行教育教学实践创新，使走在理想变革道路上的学校教育充满活力。变革创新包括以下四种：

行政会议的变革创新：行政会议实现从工作布置会向问题研究会的转变，其主要内容由以往的布置工作事务变为处理部门具体的工作难题，研讨创新工作思路和创新工作举措。

班级治理的变革创新：学校每年组织班级治理创新思路展示会、班级文化建设与展示会，鼓励教师创造性地开展班级治理工作，实现每班有理念、有创举、有特色。

课程建设的变革创新：学校鼓励教师根据学生的学习情况，推进国家课程的校本化，以适应分层教学的需要；鼓励教师创造性地开发校本课程，如结合校内银杏树与各学科关联形成的"银杏课程"，与后勤服务中心合作的"美食与健康课程"，与文创中心合作开发的"文创课程"等一系列特色课程。学校每年向教师征集校本选修课程，不断丰富学校课程表。

课堂教学的变革创新：学校鼓励教师打破既有的教学模式，创新教学模式。例如，以"助、探、展、测、评"五个基本教学环节为主的生长教学模式，语文学科"问题引领、自读自悟、对话提升"的自读教学策略等。这些创新教学模式已在区域范围内产生了积极的示范作用。

（四）扎根教育现场的校本研修的组织与保障策略

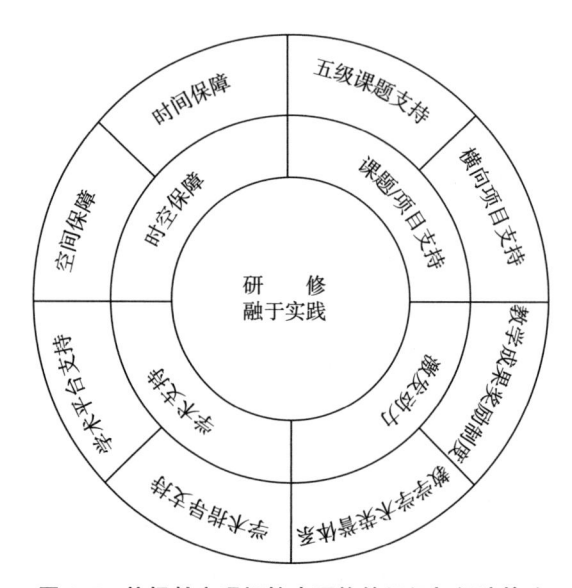

图 1.5 扎根教育现场校本研修的组织与保障策略

1. 时空保障

时间保障：在教师的每周工作日历安排中，学校以学科教研组为单位安排了专门的研修日。在研修日当天，教师不安排课程教学，不安排其他工作事务性会议，由各学校教研组专门组织校本研修。

空间保障：学校为各学科教研组配备了专门的研修室，并在图书馆建立了专门的教师校本研修功能区，为教师校本研修提供了良好的环境。

2. 激发动力

建立教学成果奖励制度：学校每年从教师的校本研修活动中，根据研修过程的切实性、研修成果对解决问题的有效性以及教师在研修中总结出来的实践智慧的价值性，评选校级优秀校本研修活动，举办年度颁奖典礼，营造良好的校本研修氛围。

建立教学学术荣誉体系：学校建立了从优秀青年教师、教学能手、学科带头人到首席教师的教学学术荣誉体系。教学学术荣誉体系以教师开展校本研修，以及研修成果在教学实践中的运用效果作为核心评价标准，由学校每年组织评选，以持续激发教师的研修动力。

3. 课题/项目支持

五级课题支持：学校形成了"校、区、市、省、国家"五级课题项目支持制度。教师发展中心每年两次向各学科教研组征集校级课题研究题目，各学科教研组动员教师依托校本研修申报校级课题研究。学校提供专项经费支持教师进行校级课题研究，并根据研究进展，进一步支持教师，以使得课题研究的层级和水平逐层向上提升。

横向项目支持：学校支持各学科教研组和相关处室与高校合作，进行横向课题研究，并积极推进横向课题研究成果转化。

4. 学术支持

学术指导支持：学校应积极寻求学术指导支持，建立学术交流机制。例如，成都冠城实验学校承担四川省教育科学研究院重大课题"高品质学校建设的探索与实践"的子课题项目，获得了四川省教育科学研究院的全面学术支持，与成都市教育科学研究院、四川陶行知研究会等机构建立起深度的学术交流机制。

学术平台支持：学校充分发挥名校长工作室、名师工作室等教师专业发展支持平台作用，并与高等师范院校合作建立驻校博士工作站，为教师校本研修提供有力的学术支持。

综上所述，扎根教育现场的校本研修模式由四个环节构成。扎根教育现场的校本研修模式是一个从"道"至"法"，再到"艺"的实践模式。其中，"道"是校本研修的核心理念。在"道"的层面，校本研修要真正发挥实际效能，必须扎根教育现场，脱离了教育现场，校本研修就没有生命力。只有在教育现场中，校本研修才真正体现了校本的意义，教师才能够真正获得成长。"法"体现了校本研修的基本原则。在"法"的层面，校本研修的实践原则是校本研修理念的具体化，校本研修要真正地扎根教育现场，需遵循"教育现场问题化，研修过程实现化，运行机制融合化，实践经验开放化"的基本原则，否则，就背离了扎根教育现场校本研修的本意。"艺"体现为实践策略，在"艺"的层面，扎根教育现场的校本研修涵涉了理念宣导、发起倡议、组织协商、拟订方案、对照实验、开放评估、角色交叉、机制融合、立体保障、自我省思、全息对话等具体策略。这些实践策略构成一个完整的行动链条，是扎根教育现场校本研修的理念和原则落地生根的基础。总之，"道""法""艺"是从理念到原则，再到策略的递进，只有悟其道理才能循其原则，只有循其原则

才能真正成其策略。

二、形成研究型教育实践样态

扎根教育现场的校本研修意味着教师打破固定经验模式，将研究、学习与实践融为一体。教师在教育实践中开展校本研修，既要在校本研修中掌握行动方法，又要树立追求卓越教育品质的信念。"一名普通的教师，从自身做起、从小事做起、从可能的地方做起，这种踏踏实实的工作，非宏大理论构建和社会变革那样令人瞩目，却具有坚实的力量，为建设更美好社会奉献一份力量，是平凡教师不平凡的权力。"[1] 方法与信念的结合促使教师将变革作为一种新常态，在变革中寻找确定性。

从根本上讲，教师需要在实践中掌握校本研修的方法。只有当教师勇敢地踏上校本研修之路，才能真正掌握校本研修的方法。虽然校本研修的研究方式更为灵活，包括在教育实践之中提炼和形成研究问题，制定行动方案，在研究中调查、记录与观察，以及对研究成果的表达，等等。校本研修不仅要求教师在教育实践中掌握和运用研究方法，而且要求教师具有强烈的使命感和责任感、敏锐的变革精神和较强的学习能力，是教师发展能力的综合体现。教师还需要树立追求卓越教育品质的信念，真正自觉地认识到校本研修就是要在教育的实践中不断寻求教育变革，实现教育理想的行动。

我们不能将教师的工作理解为"日复一日"的事务性劳动。教师的工作在根本意义上就是一种改造、一种创新，这是教育工作的本意。教育者需要秉持信念，心怀理想，扎根实践，以理想的眼光审视实践，推动现实往理想变革。教师在教育上应当逐渐培育形成真善美圣的信念，探求并依循教育的科学，以科学的眼光看待实践。教师应当追求崇高的道德，教师所追求的道德不是底线道德，而是在道德的弹性空间中，达到更高的境界。教师在教育实践中追寻生命之美，发现、领悟和创造生命成长之美，促进生命的社会性成长，实现个体生命的幸福圆满与社会进步的统一。

成都冠城实验学校以常规的校本研修和课题研究为基础，建立了集研究、学习、观摩、分享、互动等多种功能为一体的立体空间，把校本研修渗透到日常教育教学活动中，如教学反思会、教育沙龙、阅读分享会等。学校重新界定教育现场，充分把握校内与校外、线上与线下等"交错时空"中的校本研修机

---

[1] 徐巍. 教师的权力：成为"行动的知识人"[J]. 南京社会科学，2017（05）：126−133.

会，保障校本研修活动顺利开展。为优化扎根教育现场的校本研修组织机制，学校应高度注重团队建设，不仅要发挥学校领导团队、教研组、备课组、年级组的组织作用，而且要发挥新教师学习小组、课程开发小组、课题研究小组、社团等的"非正式"组织的作用，学校着力开展以学科教研组为中心的主题式校本研修活动。

扎根教育现场的校本研修自开展以来，各学科教研组在教育现场提炼并生成问题，确立研修主题，围绕特定教育教学主题将实践与研修相结合，进行专题研修和课程研究，初步实现"实践的研修化"和"研修的实践化"，在实践中探索扎根教育现场的校本研修的策略。此外，学校努力构建扎根教育现场的校本研修的外部支持体系，深度推进教育理论与实践的融合。成都冠城实验学校通过以毛道生名校长工作室、程学琴名师工作室、李继博士工作站等平台，与四川教育科学研究院、四川师范大学、成都师范学院、成都市教育科学研究院等高校和教育科研机构建立稳定的合作机制。华东师范大学李政涛教授，四川省教育科学研究院刘涛院长，成都大学周小山教授等专家学者曾亲临指导，形成了成都冠城实验学校扎根教育现场的校本研修外部支持体系，支持校本研修的深度推进。

理想的教育实践一定是反思性实践，是与研究相融合的实践。陶行知先生认为"行是知之始，知是行之成"，然而"实践"仅仅给人的能力发展提供了一种可能，没有基于实践的反思，就很难对实践进行理性的升华。波斯纳（G. J. Posner）认为"经验＋反思＝成长"，叶澜认为"写三年的反思，有可能成为名师"，上述观点都说明了教育反思的重要性。教师通过教育反思，会逐渐明白，开展一项工作即是开展一项研究，教育一位学生即是理解一位学生，从而形成"在研究中理解，在理解中教育"的意识和习惯。成都冠城实验学校引导教师开展扎根教育现场的校本研修，并对研修成果进行反思，审视学生对生命的表达，洞察生命的可能，研究促进学生成长的方法。为了搭建有利于教师理解生命价值的学习空间，营造学习氛围，学校开展以"生命阅读"为主题的活动。学校为教师购买或推荐了《人是如何学习的》《教育的情调》《儿童的秘密》《儿童的立场》《倾听着的教育》《以教学打开生命：个体成人的教育哲学阐释》等书籍，受到老师们的喜爱。在成都冠城实验学校，教研活动展开，教师既可研究教材，也可研究教学方法。课程评价的重点不是教师的教学技能和教学方法，而是师生之间的互动、教师对学情的把握和教师随机应变的能力。召开班科分析会，不是只批评学生的缺点，而是研究学生出现这些问题的原因和相应的应对方法。成都冠城实验学校扎根教育现场的校本研修实践探索

表明，以解决学校在教育实践中产生的问题为目的，促进教育实践与校本研修相结合，是校本研修扎根教育实践的有效路径。

经过多年的实践探索，成都冠城实验学校扎根教育现场的校本研修模式的实践效果已初步显现，涌现出了一批优秀的扎根教育现场的校本研修成果。例如，数学教研组教师凭借敏锐的洞察力，打破了既有的、已经比较成熟的教学模式，针对学生在学习数学时常表现出的"学而不会、会而不活，学习停留在简单的模仿和机械做题"问题，提出让数学学习从符号运算向实际应用提升，确立了以"数学建模"为主题的校本研修。随着研修的开展，教师对于培养数学应用思维的认识进一步深入，对问题的认识也进一步深入。在对不同年级的学情进行细致区分的基础上，数学教研组逐步确定了初一年级侧重"运算能力提升"教学研修；初二年级侧重"数学建模思想形成"教学研修；初三年级侧重"逻辑推理应用"教学研修的分年级段研修思路，由此形成了点面结合的体系化研修结构。又如，语文教研组持续开展"自读课文教学法"校本研修，以课文《昆明的雨》为例探索自读课的教学方法，经过多次打磨，最终形成了较为成熟的"问题引领、自读自悟、对话提升"的自读教学策略。再如，体育教研组的"健康课程学历案的运动训练"校本研修项目、历史教研组的"培育历史学科核心素养的教学逻辑"等校本研修项目也得到了持续推进，取得了很好的教学效果，并发挥出积极的区域示范效应。

校本研修在教师专业发展、学生成长、学校治理水平提高等方面也取得了较为显著的成绩，从整体上提升了学校办学品质。在教师专业发展方面，扎根教育现场的校本研修策略研究，既能引领教师找到理论在实践上的落脚点，又能引领教师找到实践在理论上的支撑点，实现理论与实践的有机结合，引领教师走向主动自觉的专业发展之路。在学生成长方面，扎根教育现场的校本研修以学生生命成长为核心价值理念，积极发挥学生的主动性，关注每个学生，促进学生全面发展。通过学生访谈、调查和学业评估，了解学生的学习心得和学习效果。在学校治理水平提高方面，扎根教育现场的校本研修自开展以来，学校各组织部门之间、师生之间的教育教学协作创新能力显著增强，逐渐形成了变革创新型的教育教学样态。此外，扎根教育现场的校本研修通过名校长工作室、名师工作室等平台，结合四川省高品质学校建设行动，为名校与弱校、公校与民校、城校与乡校、集体与个人的校本研修合作和创新提供了可参考的范例，推进了新时代教育改革背景下的高品质学校建设。

第二章　定义与转化：扎根生动的教育现场

校本研修应当面向教育实践，开展扎根教育现场的校本研修的重要意义在于解决教育实践中的问题，提升教育实践水平。教师的使命意识、教师对美好教育的期待是教育实践问题提出的必要前提。"世间本无'事'，'事'源于人之'作'。"[①] 教育实践中的问题不是一种被动应对问题，教师应秉持追求教育进步的理想信念，主动发现并解决问题。

第一节　教育现场的问题意识

教师处于教育现场中，每天接受大量的信息，对教育现象有着直观的感性体验。这种感性体验使教师产生了各种情绪，如喜悦、焦虑、困惑、迷惘等等。这种感性体验可能正是研究问题的发端。上述情绪的产生，不仅与教师的感性体验有关，也与其深沉的使命意识有关。教师自觉作为教师应当追求立德树人之目标，引导学生健康成长，为社会培养未来建设者和接班人而奋斗。教师不断提升教育实践水平，实现立德树人之目标的使命意识，是开展教学研修的根本前提。

一、教育的理想信念

首先，教师应当有教育信念。教育信念是教师所认同的教育原理，或者是教师所向往和追寻的教育实践样态。一般而言，教师的信念包含了教育科学原理、教育的崇高价值和教育的审美体验等方面的内容。教师对教育的信念越坚定，目标越清晰，他们在教育实践中对问题的把握越准确。不同的教师可能具有不同的教育信念，他们在教育实践中审视问题时也具有不一致的观点。教育

---

① 杨国荣."事"与人的存在[J]. 中国社会科学，2019（07）：27—42.

是一门艺术，也是一门科学。教师的教育信念应当是对教育的真善美的追寻，只有这样，才能正确地提出和解决问题。

当今教师的教育信念可概括为以下三点：牢记立德树人的教育初心，追求公平而有质量的教育，发展适应时代的未来教育。下文将结合成都冠城实验学校的实践，对上述三点进行进一步阐述。

（一）牢记立德树人的教育初心

走进成都冠城实验学校大门，一组雕塑格外醒目。这组名为"智慧之门"的雕塑体现了学校对立德树人教育初心的牢记。

这组雕塑把孩子们带入了思想的殿堂，引导他们思考以下七个问题。

第一问：我是一个什么样的人？

"知己知彼，百战不殆"，人生是从"知己"开始的。没有深刻、全面、准确的自我理解，就不能找到正确的价值定位，就容易好高骛远，迷失奋斗的方向。学校提出这个问题，是希望师生通过自我反省、长辈指点、同伴评价等多种渠道自我检视，找准自己的优势和不足，摸清自己的兴趣和特长。

第二问：我要做一个什么样的人？

每一个人的心中都埋着一颗向上的种子，这个种子由信仰、理想、梦想、抱负等组成，它是人生长的"方向盘"和"离合器"。树立正确的人生定位，尤其是正确的价值定位就好比"扣好了人生的第一粒扣子"，使我们方向明，动力足。学校提出这个问题，是希望师生正确认识"小我"和"大我"的关系，将"小我"融入"大我"之中，避免成为精致的利己主义者。

第三问：我能为祖国奉献什么？

"家是最小的国，国是最大的家。"具有国家认同和家国情怀的人，才是有"根"的人，有"根"方能生长，"根"深才能"叶"茂。学校提出这个问题，是希望师生以身为中国人为荣为傲，投身于"中华民族伟大复兴"的"中国梦"，把"兴趣"转化为"志趣"，立志成为强国栋梁。

第四问：我该如何与周围人相处？

人都生活于社会中，所以必须思考自己能为社会奉献什么。人与人之间是共生共存、互帮互助的关系，而非"零和"的竞争关系。良好的人际关系和社会交往，是人归属感、成就感、幸福感的保障。学校提出这个问题，是希望师生以宽容、博爱、诚信、尊重等品质与人相处。

第五问：我的人生该如何走？

"歧路亡羊"的故事告诉我们，人生道路有千万条，正确的选择最重要。

我们不但要清楚自己的人生规划，还要选择适合自己的奋斗方向和成长策略，自觉主动地奋斗。每一个人都要对自己的选择负责，并根据自己的选择制定成长方案。请注意，没有最完美的方案，只有最适合自己的方案。学校提出这个问题，是希望师生不要把选择权轻易交给别人，要学会自主选择。

第六问：我该如何与大自然相处？

地球是我们的家园，地球只有一个，我们要以"绿水青山就是金山银山"的理念来关爱地球，保护大自然，维护生态平衡。在这个问题上，我们该做的、可做的事情很多，例如，节约用水用电，垃圾分类处理，保护濒危动物，低碳环保出行，植树造林，等等。

第七问：我怎样把握万物奥秘？

人类对万事万物总是充满了好奇，这种探究欲望和创新意识是人类的本性。古有"嫦娥飞天""蟾宫折桂""吴刚伐桂"等神话传说，今有代号为"嫦娥""天宫""神舟"等航空探索。"发明千千万，起点是一问"，学校提出这个问题，是希望师生永葆好奇心，努力学习科学文化知识，追求真理，探索万物奥秘。

每天七问，开启智慧之门。成都冠城实验学校把思想引领放在教育工作的第一位。学校不仅让师生思考"我要做什么样的人"，而且要每一位教师明确"我要培养什么样的人"！从人类生命的角度看，教育就是"人之自我建构的实践活动"[①]，就是"直接点化人之生命的社会实践活动"[②]。人只有通过教育人才能不断地形成、实现和创造自己的生命。可以说，"教育是人的生命过程"[③]，没有教育就没有人类生命的存续与发展，而没有人类生命的发展也就没有所谓的教育。从这个意义上讲，教育就是养育人的生命的事业，具有丰富的生命意蕴和强烈的生命追求。"培养具有中国灵魂和国际竞争力的现代人"正是我们的育人目标，培育和践行社会主义核心价值观是我们每一个教育人的职责和使命。

除此之外，学校充分利用升旗仪式讲话、"校长约你面对面"、新生入学教育、毕业典礼致辞、团校干校、全校教职工大会、教师培训会等活动，向学校师生员工宣传和诠释党和国家的教育方针政策。同时，在日常管理中，引导广大干部和骨干教师，自觉地运用党的教育方针政策作为决策依据和评价标准。

---

① 鲁洁. 教育：人之自我建构的实践活动 [J]. 教育研究，1998（09）：6.
② 叶澜. 回归突破："生命·实践"教育学论纲 [M]. 上海：华东师范大学出版社，2015：236.
③ 巴登尼玛，李松林，刘冲. 人类生命智慧提升过程是教育学学科发展的原点 [J]. 教育研究，2014（06）：20-24.

表 2.1　2021 年成都冠城实验学校主题培训

时间	活动	主题	对象
2021.3.22	党政联席会	习近平教师观的教育意义及教师践履	全体干部
2021.3.25	教师大会	核心素养背景下的课堂教学	全体教师
2021.4.22	团课	中国共产党为什么"能"	团校学员
2021.4.24	党组织生活	从英烈身上触摸党史传承精神	全体党员
2021.6.10	"校长约你面对面"	向新安旅行团学习 争做新时代好少年	学生代表
2021.6.17	六年级毕业典礼	成冠好儿童，争做"中国的主人"	六年级师生
2021.6.28	初三年级总结会	破五唯，育真人	初三教师
2021.8.27	德育培训会	学生心灵的呵护、唤醒和滋养	全体教师
2021.9.1	开学典礼	"气自华"方能"梦自圆"	全体师生
2021.9.6	班会课	高三生活的"志气、骨气、底气"	高三 8 班
2021.9.9	教师节庆祝活动	赓续百年精神，担当育人使命	全体教职工

坚守教育初心，牢记立德树人使命，这是党和国家对新时代教师的要求。坚守教育初心，要求我们要坚定理想信念，牢记奋斗目标，对党忠诚，对岗位尽责，对工作尽心，树立终身学习理念，拓宽知识视野，更新知识结构，加强专业修养，提升个人素质，把全部精力和满腔热情奉献给教育事业，做让人民满意的"四有"教师。牢记立德树人使命，要求我们要勇于承担责任，主动作为。一方面，教师要有扎实的专业水平，在教育工作中勇于面对困难，善于解决问题，开展优质而又公平的教育活动。另一方面，教师要把立德树人的使命放在心上，将"为国育才"的意识贯穿到教学以及管理工作的每一个环节，努力创造适宜师生发展的教育环境。

（二）追求公平而有质量的教育

党的十九大报告指出，我国社会主要矛盾已经转化为人民日益增长的美好生活需要和不平衡不充分的发展之间的矛盾。因此，推进教育公平，努力让每个孩子都能享受公平而有质量的教育，是当今社会的重要任务。

教育均衡的基本要求是合理分配教育资源，达到教育需求与教育供给的相对均衡，并最终落实在人们对教育资源的分配和使用上，形成资源、需求、供给三者之间的动态平衡。从个体的角度看，教育均衡指的是受教育者的权利和机会的均等，受教育者在德智体美劳等方面均衡、全面发展；从学校的角度看，教育均衡指的是区域、城乡、学校以及各种教育类型之间教育资源配置平衡合理，满足受教育者需求，教育需求所指向的学校或教育类型在整体上发展是否相对平衡；从社会的角度看，教育均衡指的是教育所培养的劳动力在总量和结构上，与经济、社会的发展需求达到相对的平衡。教育均衡不仅指物质层面的均衡，也包括理念、文化、精神层面的均衡；不仅是起点、过程的均衡，也包括结果、发展的均衡，是更高质量的均衡。

教育的均衡发展反映出学校教育已经从精英教育走向平民教育，从选择性教育走向普遍性教育。特别是在义务教育阶段，根据国家、省、市要求，严格遵守《义务教育法》等法律，保障适龄儿童、少年接受义务教育的权利。坚持以人民为中心发展教育，坚持立德树人、五育并举，促进义务教育优质均衡发展。坚持公办、民办学校同步招生，规范招生，坚决禁止"掐尖"招生，营造良好的教育生态环境。学校教育的均衡发展不能简单走标准化、同质化、一体化的道路，或者"削峰填谷"的平均化、同质化的道路。要实现区域学校高位均衡发展，区域内不同类型、层次的教育应在基础条件平等的基础上，根据自身的优势、特点、区域教育发展的需要以及学生的具体情况，进行优势交流互补和特色凝练，走个性化、多元化、差异性、特色性质量提升道路。例如，为加快推进教育现代化，促进成都市学校教育优质、均衡、可持续发展，成都市构建"中心城区＋郊区新城＋东部新城（或简阳片区）"的新型区域教育联盟，发挥中心城区示范、辐射、带动功能，促进管理、师资、课程等优质教育资源多极互动，增强优质资源向重点、薄弱领域有序流动，促进区域之间、城乡之间、学校之间优质教育资源共建共享。

真正的教育均衡并不是物质、师资等基础办学条件方面的均衡，而是办学理念、学校文化、育人方法等方面各具特色、百花齐放的均衡。教育均衡可以使区域学校实现深入、可持续发展。要实现区域学校均衡发展，应将外部助力与学校内部改革有机结合，既要利用好上级投入、政策支持等外部助力，又要深化内部改革、优化体制机制，在满足学校发展基本要求的基础上，通过主动的变革创新，促进学校特色构建，形成区域学校和谐共生、特色优质均衡的优良生态格局，推动区域学校整体式均衡发展。

教育的均衡发展既是学校的办学方向，也是教师教育观念改革的指导思想。特别是在全面落实义务教育阶段的公平教育之后，"公民同招"的举措带来的是生源的多元化。公平公正教学不仅意味着教师平等地保障每个学生受教育的权利，还包括教师需要按照学生的相关特征给予相应的对待，以及优先关

照处于不利地位的学生。① 为此，教师必须要摒弃传统的教育观念，把学生放在首位，研究差异化教学、学生心理教育、家庭教育等方面的方法，用"为人师表"的教育智慧引领、感化、塑造学生。落实公平而有质量的教育是新时代教育工作者的重要奋斗目标。

（三）发展适应时代的未来教育

2020年，突如其来的新冠肺炎疫情使教师成为网络主播，带领学生在"云端"上学习。这一变化促使教师不得不思考面向未来"新教育"的新形态。传统教育的功能在于自上而下地规范学习者，使之标准化、模具化，而在信息时代，学校、教师作为知识的垄断者和裁定者的地位逐渐丧失，人们对教育的自主性、选择性要求日益强烈，个性化的、互动的、终生的学习成为必要和可能。

朱永新认为："今天的学校会被未来的学习中心取代。"未来的学校是一个"学习共同体"。"各种教育资源置于学习者的主动控制之下，使学习成为自我创造式的教育。教育网络确定了新的学习方式，为学生提供了新的与世界联系的方式，而非仅仅通过教师、课程和计划的准备而进入世界。"② 也就是说，它会由一个一个的网络学习中心和一个一个实体的学习中心，共同构成一个学习社区。学校的概念会被学习社区的概念取代。未来教育，无论是社会、家庭、学校还是老师，都应该注重教育的核心——学生。学校的传统模式是统一学制、统一内容、统一课表、统一教室……但在新形势中，学习时空发生变化，我们可以称之为"学习中心"，学生在家进行线上学习，凸显了未来学校的特点之一——学习时间和空间的弹性与自主性。

未来学校的学习时空将从"同一时空"转化为"个性时空"。通过这种时间和空间的结构性变革，融合课程、教师、技术、管理等多方面因素，形成更适合学生发展的个性化支持体系。在未来，教育不是筛选而是诊断，去标准化、个性化、定制化将成为未来主流的学习方式。在信息技术大爆发的时代，我们缺的不是资源，而是主动获取资源的能力；缺的也不是机遇，而是利用机遇的素质。朱永新提出："个性化教育意味着学生的目标、志向和潜力是学校和教师的工作起点，学校和教师必须依据学生的目标决定所有的教学内容与方

---

① 余维武. 论教师公正 [J]. 教师教育研究，2013（06）：1—5.
② 朱永新. 未来学校 重新定义教育 [M]. 北京：中信出版社，2019：13.

法。"① 未来学校，学习空间将从"为集体授课而建"转向"为个性学习而建"。

未来学校的教师首先需要熟练掌握优质平台，主动进行技术方面的专业提升，全面提高信息素养，建设数字化校园、智慧校园。未来学校教师需要认识到，在专业成长中，比掌握教学技巧更重要的是更新自我学习方式，养成终身学习习惯；比传授知识更重要的是教会学生如何学习，以及如何利用自我的不断革新，面对复杂多变的世界。

二、问题的实践生成

问题可能来自一种去理解的愿望、一种不满、一种关注、一种挑战或问题、一件麻烦事。② 教育实践中充满复杂的现实性因素，这些现实性因素往往与教师的理想相悖，让教师意识到理想与现实的差距，从而产生一些焦虑的情绪，同时也展现出了一些改变、转化和突破的可能，教育实践中的问题由此产生。一个好的研究问题，无论对教育理论发展或教育实践改善来说，还是对研究者自身发展来说，都具有重要价值，但无论这个研究问题有多好，都必须与研究者的兴趣相结合，若不能引起研究者的兴趣，再好的研究问题也只是他者的问题。真正好的问题能够实现社会需要与研究者个人意愿、社会发展过程与研究者个人生命过程之间的互通。③

（一）从知识到立意

教师的课堂教学是一种智慧也是一门艺术，它需要感性，需要理性与自觉，更需要由"形而下"到"形而上"的提升。课堂教学的理性与自觉建立在感情的基础上，来自教师对课堂教学的悉心观察与思考，来自教师透过教学现象对其内在机理的分析与思辨。有了这样一种由感性至理性的跨越与升华，课堂教学就能更好地由自在境界转向自主、自为境界。

课堂教学需要理性思维，无论是分析综合、归纳演绎的推演，还是教授、辅导、练习、巩固的过程，教师的理性思维都发挥着重要作用。教学的立意正

---

① 朱永新. 未来学校 重新定义教育［M］. 北京：中信出版社，2019：121.
② 〔美〕玛丽·路易丝·霍莉，乔安妮·M·阿哈尔，温迪·C·卡斯滕. 教师行动研究 第3版［M］. 祝莉丽，张玲，李巧兰译. 北京：中国人民大学出版社，2019：165.
③ 吴康宁. 教育研究应研究什么样的"问题"——兼谈"真"问题的判断标准［J］. 教育研究，2002（11）：8—11.

是需要经历从感性走向理性，再从理性走向辩证的过程。那么什么是立意？华东师范大学聂幼犁等认为，立意"系指预设的通过这堂课的学习，学生获得的核心概念"。[①] 过去，成功的教学有"一堂课一个中心"或"一条主线"之说。现在也有"一个灵魂"或"一条脉络"的说法。这都是从教学内容之间的逻辑关系或灵性上来比喻的，实质是学生应当在课堂上获得的统摄、贯通该课的核心概念。

聂幼犁教授所提到的历史课堂中的"一个灵魂""一条脉络""核心目标""核心概念"和历史学科核心素养里面的"历史理解"不谋而合。历史理解指的是将对史事的叙述提升为理解其意义的情感取向和理性认识。一堂课有了足够深刻的立意，师生们的演绎才能够有中心、有深度、有灵魂，才能更好地提升历史理解素养。对此，成都冠城实验学校初中部历史教师杭庆以八年级下册《朋友遍天下》这篇课文为例进行了相关分析。杭老师将该课文的教学立意设计为："汉唐用丝绸之路和西去东来演绎了属于大国的外交传奇，明清的外交大船却在郑和之后，搁浅于天朝迷梦并最终万国来欺。朝代在更替，不变的是外交规律：国家利益决定外交立场，国家实力决定外交底气。面对二战后风云变幻的国内外局势，新中国在和平中韬光养晦，在独立自主中有所作为，并用'朋友遍天下'再次向全世界表达一个文明古国应有的外交姿态与智慧。"

这样的立意设计有以下两点原因。第一，按照常规思路，外交的立意应该是：国家利益决定外交立场，国家实力决定外交底气。但是仔细观察教材仍可以发现，教材的编者没有直接将题目定为"新中国外交"，而是使用了文艺气息浓厚的"朋友遍天下"为题，这种命题方式反映出编者强烈的情感倾向，即编者希望让学生意识到，外交固然是实力的较量、利益的权衡，但在外交活动中也有超凡智慧的显露和光辉人性的闪耀。第二，立意中所涉及的具体史实不仅仅局限于现在，还把中国古代外交活动的具体史实也融合其中。这样的内容增添和重新布局适应了本堂课特殊的课型和目标。

诚然，教学的立意应该回归课堂。不论开设课程的初衷为何，把知识传递给学生才是教学的本义。课堂教学要以学生为中心。在课堂上，教学的过程是一个合作的过程，教师不仅要将学习的要求传递给学生，而且要听取学生的需求和建议。在互动、交流、彼此关照的条件下，为开展理性教学奠定基础。现实课堂的组织管理中，教师需要给予学生自主学习的时空，发挥学生自主学习

---

① 聂幼犁，於以传. 中学历史课堂教学育人价值的理解与评价——立意、目标、逻辑、方法和策略 [J]. 历史教学（中学版），2011（07）：10—13.

的潜能，培养学生的主体意识，发展学生的主体能力，给学生创设"有目标、有路径、有方法、有评价、有兴趣"的学习方式，切合学生实际，发挥学生主体效益。

教师要关注课堂教学的有效性。课堂教学的有效性是教学的生命所在，学生在课堂上究竟学什么，怎么学，学到什么，学会了什么，这应该是教师上完一堂课后需要追问和思考的问题，也是课堂教学的出发点和归属点。基于对教学立意的理解和对学生的关注，教师需要对教学内容进行取舍与整合，并能结合实际进行教学方法的选择、教学活动的安排、教学时间的分配以及教学评价的灵活运用。教学的理性不是一成不变的，需要教师"因材施教"，辩证处理。

（二）从线下到线上

2020年，突如其来的新冠肺炎疫情打破了学校课堂教学的常态，课堂教学从线下教学转到线上教学。线上教学对许多教师来说都是第一次。教师在线上备课、上课和处理课后作业都面临着很多难题，对习惯进行线下教学的教师来说，这是前所未有的挑战。

教师在开展线上教学时如何保证学生的出勤率？如何组织学生开展合作学习？以英语教学为例，在线下教学中，教师和学生能够面对面进行交流互动，学生能直观地看到教师的行为和表情，同时教师也能随时观察学生的行为和表情。而线上教学无法实现这样的互动交流，教师在开展线上教学的时候，学生可以看到教师，但教师却无法看到每一个学生，学生与教师的交流只能通过文字或语音传达。对于英语这门学科来说，师生面对面的交流是非常重要的。首先，学生与教师进行面对面交流有助于锻炼学生的口语，提高学生的语言能力。其次，教师与学生进行面对面交流时学生的行为和表情往往能透露出很多超出文字或语音本身的信息，能反映出学生是否独立思考以及是否认真参与了课堂活动。另外，因教师无法看到每一个学生，无法监测到学生是否认真听讲，签到或点名也无法保证学生在线上课堂上始终如在线下课堂中那样投入。

在线下教学中，教师可以通过小测验的形式了解学生对课程内容的掌握情况。而线上教学时间有限，教师无法一一检查学生的掌握情况，教师很难把握学生实际习得情况。高中英语教学要求教师准确把握学生的学情，并以此为基础，设计和调整教学活动，以达到教学目的。如果教师连学生的实际学情都无法把握，那么核心素养的发展只会是空谈。

在线下，因同处在教室，学生之间的交流甚至小组活动都是很容易开展的。线上教学虽然能将在不同空间的学生们聚集到一起听老师讲课，但学生之

间无法像在实际课堂中那样在老师的管控范围内开展小组活动，这对学生核心素养的发展带来了一些挑战。由于线上教学要借助电子设备及网络，电子设备的性能及网络信号的好坏也很大程度上影响着线上教学的效果。教师的电子设备和网络如果出现问题，会直接影响到全体学生的学习效果。就算教师的电子设备和网络没有问题，也无法保证所有学生的设备和网络没有问题。只要任何一方的电子设备或网络出现问题，教学效果都会受到影响。就高中英语线上教学来说，如果某个学生的麦克风有问题，该学生在参加线上课时便无法用语音与老师同学交流。如果学生用文字与老师同学交流，由于打字需要耗费大量的时间，交流速度明显低于直接语言交流。此外，由于网络信号不佳，师生之间的交流会出现延迟现象。

成都冠城实验学校初中部税长荣老师认为，线上教学打破了人们对传统课堂的认知，"课堂"的时空规定性发生了根本的变化。从时间上，线上教学打破了课堂时间的限制，甚至带领学生进入二维的时间模式——在同一时间可以做几件事情。从空间上，线上教学不局限于教室和书本，而是借助网络，进入无限的 N 维空间，学生可以看直播，也可以欣赏网络课，还可以在网上搜索学习方法和学习材料。学生可以借助网络资源和碎片化的时间自主地、有选择性地学习。线上课堂，打破了现实课堂的局限，是超越课堂。在新技术条件下，"超越课堂"成为教学研究的新课题。

线上教学是时代的需要。《中国教育现代化 2035》提到，教学技术的现代化是必然的主题，借助于信息技术进行"现代化"教学，教育研究可以打一个"提前量"。在大数据、信息技术支持下的现代化教学中，教学目标、教案设计、教学评价可以更加"精准化"。教师可以实时记录并分析学生学习过程的数据，有效了解学生学习行为的潜在意义，预测学习结果，从而在较短的时间内改进教学方案，精准化地施教。

（三）从管理到治理

2019 年，中共中央办公厅、国务院办公厅印发的《加快推进教育现代化实施方案（2018—2022 年）》提出创新教育治理模式，开展教育治理能力优化行动。治理与管理不同，治理是"主体—主体"关系，管理是"主体—客体"关系。在课堂教学中贯彻治理理念，对打造高效课堂、提高教学质量、培养学生的核心素养有促进作用。教育现代化背景下，基于管理理念的课堂教学组织不断面临新的挑战。

"治理式课堂教学组织强调学生作为主体参与课堂，学生是组织者也是治理者，学生作为治理主体意味着对自己和同学的学习有责，同时对课堂教学组织也有着义不容辞的责任。课堂教学组织治理旨在唤醒学生的主体意识、潜能。而教师则指导学生治理课堂，发挥指导和元治理的作用，即协调多元主体，统筹和调控教学组织，维护公共利益。形成教师元治理，学生自治，多元主体参与的格局，师生协作不仅能培养学生自我管理、参与课堂教学的积极性，也能促进教师更好地组织课堂教学，提升教学质量。"[1]因此，在课堂教学组织治理中，师生都是主角，相互协作、共同建设。在制度方面，课堂教学组织治理主要通过教师和学生平等地协商对话、合作、参与互动而形成共识性规则、契约，具有非强制性、软约束的特点，贯穿的是平等、协作、合作共治的精神。课堂教学组织治理下，课堂规则更多的是为学生营造充满活力的环境。在规则的制定上，治理要求主体参与制定规则，任何课堂规则只有在教师和学生都认可的基础上才能有效地发挥作用。

如何改善课堂教学组织治理？第一，实现课堂教学组织的主体多元化，把原来对学生的管、盯、压改为教、扶、放。成都冠城实验学校初中部边明志老师谈到七年级数学时说，首先引入生活化教学。教学时将知识点与实际生活相结合，比如在"平行关系"的教学中，教师可以将学生日常生活中常见的物体，如桌子的对边或者斑马线引入，让学生从实际中体会"平行"这一概念。如此，学生对于抽象的数学知识点更容易理解，并且可以认识到生活中处处是数学，从而增加学生学习数学的兴趣。

第二，融合正式规则与非正式规则，和学生一起制定课堂规则，提高学生的荣誉感、行为责任感与认同感。正式规则以学校的规章制度为依据，是课堂教学秩序的重要保障，体现学生对课堂教学活动的要求，明确了课堂教学中的可为和不可为，有助于学生形成良好的学习习惯，从而学会自律。非正式规则充分考虑到学生的兴趣、爱好，挖掘学生内部那些经常起作用的或者会产生问题的文化层面的东西。

例如，在班级管理方面，班主任首先让学生提出自我要求，然后结合大家的意见，整理成"班级公约"。制定规则的初衷由管理变为治理，学生既是治理者，又是被治理的主体。成都冠城实验学校形成以"自主管理"为核心的学生自治德育体系，正是学校为了实现从管理到治理而进行的系统尝试。各年级有学生"自管委"，负责对学生的日常行为进行考核与监督，每个学生轮流担

---

[1] 李莎莎，赵正，夏云川. 课堂教学组织应从管理走向治理 [J]. 教学与管理，2019（30）：11-13.

任自管委成员，在管理的同时也提高了自己的认识。自主管理学习小组（简称"小班"）是由四至六名学生组成的相对稳定的学习小组。小班实行自主管理，成员间相互督导，相互评比，形成"自主管理、自主学习、自我教育"的一个小系统。以自主管理为基本模式的学生治理体系是开展自主合作学习的前提。成都冠城实验学校初中部英语老师帅蓓蓓在自主管理的环境下开展了合作学习的有益尝试，并总结出以下心得：

> 我第一次在英语生长课中使用导学案让学生回答为什么要学好英语时，采用了小组合作的教学组织形式——先将学生分成几个组，让他们与小组成员讨论，最后派出一名代表上台发言——培养学生的探究精神和合作意识。每个学生的参与度都很高，因要学好英语的理由很多，学生的思维也表现得很活跃，每组代表的发言内容并没有太多重复。这次尝试让我尝到了生长课堂的甜头，也让我认识到了一些需要注意的事项。
>
> 首先，小组展示需要有代表性，有创新性，不可反复多次，否则就会降低课堂效率。
>
> 其次，使用导学案后，组织学生进行互评是很重要的，教师应重视评价反馈。不管是在同学展示时还是在同学完成了导学案上的练习后，为让学生积极参与到课堂教学中，都应让学生对同学进行评价。最后，教师要注意培养小组长，发挥小组长在小组中的作用，引导其带领组员一起成长。教师要学会放手，让小组长积累实操经验。教师可以引导小组长探究知识，再动员小组长去引导组员，以提高教学效率。同时，教师对小组长的督促及评价方式也可以让小组长效仿，应用到对组员的督促和评价中去。
>
> 思考后我先记下了这些。在以后的生长教育实践中，我还需慢慢摸索，多多反思总结，以求在践行生长教学的过程当中有更大的进步，在教学成绩上有更大的提高。

"管理"和"治理"虽然仅有一字之差，但两者的内涵与外延有很大不同。就班级管理和班级治理而言，班级管理主要是指在班级教育活动中，教师与学生通过平等的合作互动，对班级事务进行规范和管理，最终实现教育效果最大化的过程。班级治理是指在教师主导下，充分发挥班级成员的主体能动性，通过民主协商的方式构建班级秩序，共同处理班级事务的组织与运行方式。与班级管理相比，班级治理具有以下三个较为突出的特点：一是班级管理侧重于教师对班级事务的主导，是自上而下的管控，教师习惯于扮演"全能型选手"，带领学生对班级中各种资源进行计划、组织、协调和控制；班级治理则强调教师和学生的平等参与，突出班级教育管理的多样性和多元化，鼓励学生自主表达、自主管理。二是在班级管理实施过程中，教师管理方式往往偏重专断，教师一直在做程式化的工作，学生必须被动地按照教师的要求去做，缺乏自主性；班级治理侧重强调在师生间形成密切的、平等的关系，加强师生之间持续的互动，培养学生主体性和创造性。三是班级管理习惯于从教师主观意愿出发进行管控，缺乏足够活力，民主管理的程度较低，班干部固定化，多数学生缺少参与的机会；班级治理则强调发挥学生在班级管理中的作用，更多地鼓励学生自主参与。在教育的开始阶段和结束阶段，自由占主导地位，但中间会有一个纪律阶段。此时自由从属于纪律而处于次要地位。所有的智力发展都是由这样的循环，或者循环中的循环构成。① 相对于班级管理而言，班级治理是理念上的一个质的进步，有利于促进学生参与，激发班级活力，更好地实施班级有效教育管理。

第二节　教育实践的问题定义

从敏锐的问题意识，到形成明确可解决的问题，需要一个对问题的定义过程。问题首先萌生于观念层面的问题意识，从问题萌生到问题的解决，需要将意识层面的问题清晰化、明确化，进而转化为解决问题的行动方案。这个对问题进行清晰化、明确化的过程正是对问题的定义。教师在确定一个指向于实践的"怎么办"的问题时，首先需要对问题"是什么"和"为什么"做出回答。显然，教师对"是什么"和"为什么"两个问题的回答，会直接影响实践的方向和方式。

一、问题定义的视角

在教育实践中，对"是什么"和"为什么"的研究，不仅是从现象到本质的追问，也是从现状到原因的探寻。教育实践中的问题往往互相关联，教师需要以不同的视角认识这些关联因素，才能更准确地定义教育实践问题。

---

① 〔英〕艾尔弗雷德·诺思·怀特海. 教育的目的［M］. 张佳楠译. 北京：教育科学出版社，2020：42.

（一）倾听者的视角

有这样一篇短文：一对母子出去玩，他们玩渴了，一时找不到水喝，而儿子的小书包里恰巧有两个苹果。母亲问儿子："你会怎么做呢？"儿子小嘴一张，奶声奶气地说："我会把两个苹果都咬一口。"虽然儿子年纪尚小，不谙世事，但母亲对于这样的回答，心里多少有点失落。她本想像别的父母一样，对孩子训斥一番，然后再教孩子该怎样做，可就在话即将出口那一刻，她突然改变了主意。母亲摸摸儿子的小脸，温柔地问："儿子，能告诉妈妈，你为什么要这样做吗？"儿子眨眨眼睛，满脸童真："因为……因为我想把最甜的一个给妈妈！"那一刻，母亲的眼里隐隐闪烁着泪花。读过这个故事的人都为这位母亲感到庆幸，因为她对儿子的宽容和信任，使她感受到了儿子的爱。我们也为男孩感到庆幸，正是因为母亲给了他把话说完的机会，他纯真而善良的本性才得以流露。

如李政涛教授所言，教育的过程是教育者与受教育者相互倾听与应答的过程。教师通过无微不至的倾听，让学生感受到教师与他同在，学生更容易被教师感动，从而发自内心地接受教师，在教师的引导下做出改变，得到成长。苏霍姆林斯基指出："一个好教师意味着什么？首先意味着他是这样的人，他热爱孩子，认为跟孩子交往是一种乐趣，相信每个孩子都能成为一个好人，善于跟孩子交友，关心孩子的快乐和悲伤，了解孩子的心灵，时刻都不忘自己也曾是个孩子。"[①] 大爱无痕，润物细无声，教育无处不在，教师的一个微笑、一个和蔼的眼神、一个爱抚的动作、一句关心的话语，都会给学生带来欢乐、带来鼓励。

教育的过程就是教育者与受教育者相互倾听与应答的过程。当这一过程被阻断或者处于混乱无序状态的时候，师生之间的沟通将陷入困境，教育的危机也将随之出现。对此，教育者应负主要责任。作为教育者的教师既承担着培养和发展学生倾听能力的责任，也负有发展并运用自身倾听能力的责任。

苏格拉底说："上天赐人两耳两目，只有一口，欲使其多闻多见而少言。"先哲用寥寥数语为我们形象地道出了"听"之重要。在现在的学校中，有很多能说会道的教师，但却很难找到善于倾听的教师。教师把大量的时间用来提升自己的演说能力，却忽略了倾听能力的培养。教育的目标是培养人，教师能否走进孩子的内心世界，能否用心去聆听孩子的心声，是教育成功与否的关键。

---

① 董世华. 教育知识与能力简明教程［M］. 武汉：华中师范大学出版社，2016：178-179.

日本学者佐藤学在《静悄悄的革命》一书中有这么一段话："倾听学生的发言，就好比是在和学生玩棒球投球练习。把学生投过来的球准确地接住，投球的学生即便不对你说什么，他的心情也是很愉快的。学生投得很差的球或投偏了的球如果也能被准确地接住，学生之后就会奋起投出更好的球。这应当是教师与学生互动的基本。"可见，学会倾听既是教师的基本功，也是一种姿态。

老师应该也必须是了解孩子的人，才能了解孩子最需要什么，也才能让孩子学到他真正需要的东西。教育的目的不是追求考试成绩的高分，而应当是孩子的真正成长。只有足够了解孩子，才能选择更恰当的方式去引导他们学习和思考。有些学生特别喜欢讲话，总能成为大家的焦点，李同学就是其中一个，上课时候讲话，课间讲话，两休时讲话，同学们都和她关系好，原因是她的声音好听，讲的内容也多是积极向上的，简直就是一个小老师。但是因为上课讲小话是一个不好的习惯，有天上课她被语文老师"抓住"，交到我这里。我没有批评她，而是问她："早就想找你了，听说你讲的内容很丰富，刚好我今天要回去给弟弟讲故事，有没有推荐呢？"刚开始，她还不愿意说，后来她就很放得开，给我推荐了好多内容，也顺便说自己就是想和大家分享。我说："我们每天自习课前留十分钟，你给大家分享点你觉得好的内容，上课期间我们就好好学习，好吗？"她很开心地接受了，每一次都给大家带来精彩内容，后来大家都叫她"脱口秀公主"。她还成为我们的节目主持人，说话做事得体，应变能力较强。她说，真不知道原来这是自己的优点，以前老师总是批评她话多。（初中部 陈飞）

学会倾听，教师才能把自己的情感融入学生的情感世界，让学生产生信任感，建立和谐的师生关系，实现与学生之间的心灵沟通。学会倾听，教师才能捕捉来自学生的信息，了解学生的个性和真实想法，为学生幼小生命的成长带来不可缺少的呵护和滋润。倾听是智慧火花的碰撞，教师只有学会倾听，善于倾听，我们的教育才具有创意，才更富有智慧与诗意。

（二）观察者的视角

蒙台梭利说："唯有通过观察和分析，才能真正了解孩子的内在需要和个别差异，以决定如何协调环境，并采取应有的态度来配合幼儿成长的需要。"实施教育，观察先行。教师应当以观察者的身份观察学生，观察课堂，获取第一"眼"信息。教师首先要学会做一个观察者，甚至是一个被动的观察者。

教师作为观察者，首先应观察学生。教师不仅要观察学生的行为，还要观察学生的心理，即时捕捉有价值的信息，然后分析这些信息，将这些信息转化为开展教学活动的依据。教师在实施教学的过程中观察学生，应注意观察学生的反应是否和预设的教学目标一致，以及学生的学习进度和效果等。教师观察学生的角度不同，得到信息的价值也不同，这就要求作为观察者的教师有相当的观察能力和信息整合能力。

教师也是课堂的观察者。课堂观察包括两个方面：一是在他人课堂上旁观；二是作为执教者的观察。

教师在他人的课堂上旁观，主要有两种形式：一种是对教学行为进行记录和描述，然后试图理解和解释执教者的意图；另一种是参与课堂，直接体验和感悟课堂教学事件的发生，从中探讨师生互动行为背后的意义。佐藤学认为课堂观察就是"技术性实践"和"反思性实践"，即观察者通过课堂表象发掘规范性认识，追溯教师的实践认识和经验。教师在旁观他人课堂时，不仅要理解授课教师的处境和经历、意愿和追求，理解教学行为对学生的意义和价值，还要理解教育的其他可能和改变，在理解的基础上发现和选择更有意义、更有价值的教学方式，推动教学变革。

课堂观察是一个技术活儿。陈大伟教授提到，"观察不仅要'观'，更要'察'，'察'是一种关系发现，是一种人际理解。'察'，首先是要发现教与学的关系。过去，我们观察教师的教居多，现在我们要多观察学生的学，不仅要观察教和学的行为，还要发现二者之间的互动和影响关系，基于这样的关系，去发现、去寻找更为理想的教学行为。其次是要发现教和学行为背后的伦理、理论、思维和目标，多想一想为什么，价值和意义在哪里。从方式上看，观察不仅要看、要想，还要询问。"[①]崔允漷等所著的《课堂观察：走向专业的听评课2》中呈现了一种新的听评课范式——LICC 范式。该范式基本上确立了课堂观察的理念——证据、技术与合作，构建了课堂观察的专业合作共同体，界定了 4 个维度 20 个视角 68 个观察点的问题域，规范了课堂观察的基本程序与关键环节。

LICC 范式是一种听评课的方式，是一种更科学的听评课范式。它与传统听评课范式不同的地方在于，它给教师的专业发展提供了支持，比如研究，比如技术，又比如合作。听评课是我们日常工作的方式，但是

---

① 陈大伟. 研究和实践基于一线教师的课堂观察［J］. 教育研究与评论（课堂观察），2019（01）：6－10.

LICC 范式将这种日常工作转化为了一种研究，一种辅助教师成长的重要工具，它帮助教师完成了对课堂的专业观察，并且以此观察来反思课堂上出现的各种问题，以此为契机来改进某种类型的课堂，或者解决课堂中存在的某个典型问题。这种范式让每一次听评课超越了学科、学段，使听评课对每一位教师的成长都有了现实意义。（初中部　李继常）

（三）转化者的视角

教师向学生传授知识，其实质是从认识论的视角对知识的搬运。这种搬运背后隐含的教学理念是：教师只要把该教的知识"教正确"就完成任务了。然而，学科知识本身是抽象的、中立的、凝固的，需要经历一个转化的过程，才能赋予学科知识以实用价值。叶澜教授说过："教育是把外在的知识、价值观念和规范等文化转化为个人的内在精神。"教师正是这个转化过程的"使者"。

在教授七年级上册文言文《狼》时，文中有一个句子"而两狼之并驱如故"，我试图让学生掌握"之"在主谓间取独的用法。于是说："这个句子中两狼是主语，并驱是谓语，之在他们之间，这种用法叫放在主语和谓语间、取消句子独立性。"然而在随后的抽查中，我发现学生连这种用法都不理解，更别提掌握。

还有一次，分析文言文中"而"表转折的用法时，学生知道表转折的"而"可以翻译为"但是"，却分析不出前后两个句子的逻辑关系。我向他们解释，这两个句子是逻辑相反的关系。但等到批改作业时，发现大部分学生却把"转折"理解成了前后词语是反义词。这些情况曾经让我感到迷茫，在不断的实践中，我也醒悟：老师讲和学生学，这是两码事。教师需要把自身对知识的理解转化为学生的理解。

如何转化呢？我认为可以高度概括为两个步骤：从实践到理论，再从理论到实践。首先，人类对规律的认识是从不断的实践中总结出来的，而认清规律的目的也是更好地指导实践。按照上述两个步骤教学，更符合这一认知过程。

其次，这两个步骤的实施还需要遵循两个原则：从学生认知水平出发，从学生生活经验出发。教师觉得某个问题非常简单，已经讲得很清楚了，其实是就教师自身认知水平而言的。例如，在上述的两个场景中，我作为教师已经将语法知识研习和运用讲解得非常透彻了。可是对于学生来讲，他们很有可能是第一次听说这些术语。再则，当下阶段，学生刚升入

初中。他们在小学学习知识时主要通过识记来掌握，加上缺乏生活经验，逻辑思维也不是很健全，因此学生对字面意思的理解已经比较困难，要理解内涵，并合理运用就更不容易了。（初中部　徐宁娴）

（四）学习者的视角

在科学技术高速发展的今天，时代赋予了教师这一角色又一新的内涵：学习者。首先，"学习"是人类的第一需要，不会学习的人将会被迅速发展的社会淘汰，成为不能适应现代生活和职业劳动需要的功能性"文盲"。未来，终身学习将成为一种生活方式和社会的普遍行为。所以，在提倡终身学习的时代，教师首先应成为终身学习的楷模。其次，就是在教育的过程中，教育的对象是人，人与人之间千差万别，但都在发展，在教育情境中，每时每刻都会有新情况、新问题出现，绝不能用一成不变的模式去解决，更不能用教育者的权威掩盖问题，得过且过。新问题的出现，既是对教师以往学习成效的检验，又是新学习的开始。

作为学习者，教师要善于在疑惑、推测、探究中找出问题的症结，形成一种反省思维，并将之作为自己的内在素养。这样，在不断的探索和学习中享受到作为教育者的无穷乐趣，体验到人生的价值。教师成为一名合格的、成功的教育者的过程，实际上就是教师不断充实、丰富、完善自己主观世界的历程。教育者和学习者的角色不是相互矛盾的，而是相辅相成的，统一于教师的教学实践中。它体现了教师永不自满、不断探索、奋发向上的人格和精神力量，而这正是新时代教师应终身追求和努力实现的方向。

教师在一线教学，肯定会有所感悟，有所困惑。叶澜教授说过："一个教师写一辈子教案不一定成为名师，如果一个教师写三年反思可能成为名师。"这句话说明，教师要学会反思，强调教师要从反思入手进行教育教学研究。教师在自我进修、自主学习的基础上，以自己的教育教学活动为思考对象，对自己的行为、决策及由此产生的结果进行审视和分析，用科学的研究方式，主动地获取知识，应用这些知识解决教学实际问题，提高参与者的自我觉察水平，促进自身能力的发展。

教师的教育教学工作实践性很强，如果离开教育教学实践，只读几本教育理论专著，是不可能真正把握教育教学工作的。如果说学生是在为"明天"而学习，那么教师就是在为"今天"而学习，这是现实的目标。因此，教师应该带着问题去学习，在学习过程中认识到自己教育教学活动的不足，觉察到自己以前没有觉察到的习惯行为及消极后果；找出驱动自己的思想到底是什么，它与自己所倡导的理论是否一致，与自己的行为结果和期望是否一致。经过这种分析，教师会对存在的问题形成更明确的认识，会积极寻找新思想与新策略来解决存在的问题，并在解决问题的过程中优化教育教学过程。由于教师是带着教育教学中的实际问题去学习的，这就使教师的学习更有针对性、实效性，使理论与实践更加紧密地结合。教师通过反思，自觉地探索教育教学过程，在学中教，在教中学，这是教师自我提高的最佳途径。（高中部　刘会）

对于教师来说，反思是其成长和发展的基础，教师从经验中学习，在反思中成长。教师从自己的教育教学活动出发，发现问题，分析问题，并通过与其他教师合作讨论来探索改进教育教学的方式，是充分发挥教师自我导向学习和自主改革教学积极性的有效途径。

二、问题定义的常见类型

教师的教育实践是一个循真、达善、求美的过程。教育实践必须遵循教育真理。教育是组织化地引导生命成长的社会实践活动，其科学性根植于人的生理、认知、道德、心理、精神成长基本规律以及人作为个体在构成特定的社会组织时的活动规律。只有遵循教育规律的教育活动才能达成教育的目的，因此，遵循教育规律应当成为教师的信念。教育实践也是一种德性实践，教育活动在本质上是一种德性活动，其目的在于促进人的幸福，实现文化的传承和创新，推进社会进步。

（一）教育理念的实践转化问题

教育理念即关于教育方法的观念，是教育主体在教学实践及教育思维活动中形成的对"教育应然"的理性认识和主观要求。教育理念对教育实践具有引导与定向的作用。科学的教育理念是学校改革的"催化剂"，也是推进创新教育工作的原动力。成都冠城实验学校以"深度学习"的实践为抓手，探索了教育理念的实践转化问题。

所谓"深度学习"，是指在真实复杂的情境中，学生运用所学的本学科知识和跨学科知识，运用常规思维和非常规思维，解决实际问题，以发展自身的批判性思维能力、创新能力、合作精神和交往技能等。深度学习是针对教育实践中存在的机械学习、死记硬背、知其然而不知其所以然等浅层学习现象而提

出的。这里的"深度"是就学生而言的，教师可以不采用某种固定的模式或方法，而是用恰当的方法引导学生进行深度学习。也就是说，深度学习是与浅层学习相反的概念。

但是深度学习绝不是只停留于上述层面，它还可以从另一个层面来理解：深度学习并不只是为了促进学生的高级认知和高阶思维能力的提升，还旨在立德树人，发展核心素养，培养全面发展的人。因此，深度学习强调动心用情，强调与人的价值观培养相联系。深度学习强调让学生在真实情境里通过自主学习与合作学习，运用所学知识，解决实际问题。

"问题解决、批判性思维、开放性视野和创新能力"是国际公认的21世纪的高阶思维能力。因此，基于深度学习的学习评价，其重点不在于学生学到了多少知识、解答了多少问题，而在于其学习内容有多大的挑战性，解答的问题是否具有上述高阶思维能力的特征。下面以成都冠城实验学校小学数学教学实践为例，阐述如何在教学实践中培养学生的高阶思维能力。

首先，要注重数学知识的内在联系，帮助学生完善知识架构。教师通过启发和诱导，引领学生体悟数学知识的纵向和横向联系、直接和间接联系，完成对小学数学知识的整体架构。例如，学生掌握整数加减法、小数加减法、分数加减法等知识之后，在学习异分母分数加减法时，教师要通过适当的启发和诱导，引领学生认识到各知识点的内在关系，通过归纳、分析和类比的方式，发现整数、小数、分数加减法的异同，使学生明晰这些知识的本质都在于相同计数单位直接相加减。又如，在学习长方体体积的计算方法时，学生通过自主学习和主动探究，了解长方体、正方体的体积计算方法。教师要引导学生进行知识的关联性分析，让学生思考求体积和求面积的相同之处，并通过讨论和交流，深入认识各知识点，掌握数学知识的内核，提升自己的数学思维能力。

其次，要创设问题情境引发学生深度思考。教师以问题为引擎，激发学生进行深度思考，较好地培养学生的创新思维。例如，在学习圆柱的相关知识时，可以提出下列问题："圆柱转化为长方体时发生了什么改变？转化后的长方体与圆柱各部分之间的关系是什么？如何推导圆柱的体积公式？"教师通过一系列具有关联性的问题，引导学生发现问题、思考问题和解决问题，不断提高思维能力。

最后，教师要注重学生的主动参与和实践创新。教师要掌握学生的知识层次、起点和经验，设计有针对性的深度教学活动，有效地引导学生主动参与和探究。在学习北师大版小学数学五年级上册《真分数与假分数》

一课时，教师可以让学生先说一说什么是真分数，什么是假分数，如何表示真分数，并说说假分数的"假"体现在什么地方。在学生主动思考并踊跃回答的情况下，教师要适时补充和点拨，让学生积极主动参与讨论并思考，实现对数学知识的自主生成和建构，体验数学知识探究过程，积累数学学习经验，较好地提升数学思维能力。（小学部　陈天翠）

（二）课程资源的开发与运用问题

新课程改革提倡"材料式"的教材观，把教材作为一种重要的教学资源。如何既利用好教材，又充分利用已有的或可以创造的教学资源，以适应教师的教学需求和学生的学习需求，成为教学设计的重点。

新课程改革实施以前，大多数语文教师对语文课程的理解是比较肤浅的，认为教材就是唯一的课程资源。在语文课堂上，教师只是就教材教教材，向学生讲授教材、教学参考书上罗列的知识点，组织学生进行枯燥、机械化的训练，整个课堂既缺少师生之间情感的交流、思维的碰撞，又缺少知识的拓展与延伸，更谈不上创新能力的培养。华东师范大学教科院冯起德教授曾用"死气沉沉，像个病人"来评价当时的语文课堂。

新课程改革实施以后，教师的观念有了一些转变，语文课堂打破了原有的以知识传授为重心的格局，教师开始重视利用课堂教学资源丰富和发展学生的语文能力。但是在具体的操作过程中，由于受传统教法的影响，教师在丰富的、具有开放性的课程资源面前，显得无所适从，要么还是用老的一套或者凭经验进行教学，要么就不切实际地利用这些资源，把语文课上成了"大杂烩"，使语文课丧失了"语文味"，不利于学生语文素养的提高。一位教师感慨道："有许多时候，我们怀疑自己还是不是语文教师，上的还是不是语文课。你看，我们在课堂上要解决生态保护、物种繁衍问题；要讲解'原子、原子核、基本粒子'等物理学术语；要研究建筑物与环境、建筑物与政治历史的关系……语文课前所未有的包罗万象，大有一统天下之势。那么，语文课与其他课的分界到底是什么？语文学习的根本，语文课的灵魂是什么？语文课究竟如何开发利用教学资源？我实在有些困惑……"（初中部　谢俊昭）

新课程改革理念认为，凡是有助于学生成长与发展的活动以及可开发与利用的物质或精神材料（或素材），都是课程资源。学生作为现实生活中的人，接触更多的是生活，因此，学科学习应和学生生活息息相关，学科教学理应回

归生活。陶行知先生曾说过："到处是生活，即到处是教育；整个社会是生活的场所，亦即教育之场所。"所以，要开发课堂教学资源，教师应随时关注生活、善于发现生活，将生活中蕴含的丰富的学习资源灵活地移植到课堂上，让课堂成为课本与生活的对接舱。学生在充满生活气息的课堂上学知识、用知识，不仅更容易发现学习的乐趣，也更容易发展学科素养。

在教学资源整合过程中，怎样整合才是有效的呢？从教学资源整合的出发点来看，教学资源不是教学中的规范，其存在的意义是为教学服务，特别是为学生的有效学习服务。因此，教学资源整合的总体原则是适应性——"适者有效，不适者无效"，即以是否适应学生的学习为教学资源整合有效与否的判断标准。

新教材所选课文，都是专家和一线教师反复斟酌过后选择的符合新课程标准以及各学段学生认知与想象特点的作品。许多作品中蕴含着作者丰富的想象力，如《春天的雨点》《大自然的语言》等。教材中的识字、插图、造句、阅读、口语交际、习作等模块，也有利于促进学生想象力的发展。另一些作品，恰好符合了小学学段学生的心理特征，如《理想的翅膀》《月迹》《钱被风吹跑后》等。低年级学生读完课文后，如果让他们再复述一遍，他们最多能做到一字不漏地复述，而中年级学生在复述课文时，一般能借助自己的知识经验，创造性地添加一些别出心裁的故事情节。虽然说"教材无非就是例子"，提倡"用教材而不局限于教材"，但毕竟教师的精力有限，不可能有太多的时间去寻找教材之外的内容来专门训练学生的想象力，所以，教师要忠实于教材，忠实于课标，忠实于课堂，充分挖掘每一篇教材蕴含的丰富资源，培养学生的想象力。

例如，在学完《月亮》这一单元后，在进行写作教学时，我没有像平时一样在教室上课，而是让学生到艺术楼，以故事会的形式，让学生每人编一个有关月亮的故事。在这种氛围下，学生觉得非常放松，表现得非常活跃，大家都根据在课堂上所学到的知识和自己在课外积累的知识，充分想象，大胆讲述。同学们的灵感源源不断，大家绘声绘色地讲述自己在月球上的"经历"。有的描述了自己在月宫里的奇遇，有的描述了自己在月球上交外星人朋友、学外星语的经历，有的描述了自己踩着月亮在天空中行走、和无数星辰玩捉迷藏游戏的奇幻之旅……也有学生说他虽然和大家一样去了月球，却什么也没见到，觉得还是我们生活的地球是最好的，因此，他想当个保护地球的卫士，就像奥特曼一样。这位学生与众不同的讲述，让大家议论纷纷，我却对他投以赞许的目光，鼓励他的大胆想象，肯定了他想保护地球的想法。这样的课堂环境，让一些平时不敢说或怕说错的学生感到放松，让他们在今后的学习过程中渐渐不再畏惧发言，并且能充分发挥想象力。教师正面的引导与评价，使学生在课堂上更加活跃，敢于质疑问难，让课堂充满生机、充满活力，学生的潜能得到不断发展。

（小学部　刘庭蓉）

课堂教学资源是为课堂教学服务的，选用什么样的资源，首先要依据每节课的教学目标，把握教学重点与难点，然后选取有利于突破教学的重点与难点的资源。同时，教师要始终明确学生是学习的主体，使用课堂教学资源的最终目的是为学生服务，是促进学生发展。为使课堂教学资源的筛选机制更好地发挥作用，教师要对学生的兴趣、需求以及发展方向等有明确的评估和把握，使资源开发具有明确的指向，提高资源开发的直接效益。当然，整合课堂教学资源不等于"抛弃"教材，而是要充分挖掘教材潜在的"内涵"，使教材的利用价值最大化。

（三）教育技术的运用与提升问题

随着以计算机和通信技术为基础的信息处理技术、互联网技术、数字化多媒体技术的迅猛发展，信息技术已经渗透到人类生活的方方面面，通过计算机和网络技术来进行信息的收集、整理、加工、应用和传播是未来教学的重要途径。现代教育技术以信息技术为主要依托，包括微电子技术、多媒体技术、计算机技术、网络技术和远距离通信技术等。把这些技术引入到教学过程中，可以大大提高信息处理的能力，极大地提高教与学的效率。

由于传统的教育技术有其技术水平的局限性，教师无法针对学生的个性进行教学，而是使用传统的"一锅端""一锅烩"的教学方式，导致学生学习的积极性受损，创造性也很难发挥，从而影响学生的全面发展。传统的教学方式对教师这个角色的定义，实际上是典型的"教师中心论"，认为教师是教学核心。然而，在人工智能时代和大数据时代，教师已无法在教学内容和学习方式上保持权威地位，教师的使命不再是教学生学"知识"（Knowledge），而是教学生学"认知"（Cognition）。相较于传统的教育教学而言，现代教育为学习者提供了丰富的学习资源和选择学习方式的机会，使学生能够摆脱旧的教学模式的束缚，根据自身学习的特点，选择适合的学习方式。

现代教育技术在教学中的运用，主要是指计算机及辅助教学软件和多媒体技术的运用。其最大的特点是能够综合集成处理文字、图像、动画、声音等多种信息，形成一种全新的、更容易接收、处理和传播信息的载体。其最大的优

点是产生和处理的信息更加生动、活泼、自然，可以实现所有传统媒体的功能。

以初中英语教学为例，由于对学生视、听、说、读、写等要求特别突出，学生必须在教师指导下积极思考、反复实践，才能逐步掌握语言知识，形成语言应用技能。培养学生掌握语言知识、运用英语交际能力，需要使用集声音、图像、动作、情境等多种因素为一体的综合教学手段。因此，利用多媒体课件进行初中英语教学，更有助于提高学生的识记能力、应用能力以及创新思维能力。

长期以来，受传统教学模式影响，英语教学导入方式单调，常用一问一答方式，先复习然后进入新课。这样的教学模式，导致学生学习兴趣低下，从而影响教学效果。初中生已经进入青春期，生理上和心理上的变化都较大，在课堂上表现活跃，爱说爱动，好奇心强，模仿力强，兴趣广泛，记忆以形象记忆为主。多媒体课件能生动、形象地导入教学内容，通过视听结合、声像并茂、动静皆宜的表现形式，吸引学生的注意，激发学生好奇心，提高学生学习兴趣。利用多媒体技术，教师不但可以根据课文内容创设一个既有画面，又有声音的课件，而且能把一些学生未曾见过的事物和抽象难懂的内容直观地展示出来，并根据需要延长展示时间，放大或缩小画面。栩栩如生的画面与美妙动人的背景音乐，使学生仿佛置身于实际情景中。因此，使用多媒体课件，有助于调动学生的视听器官，激发学生思维，培养学生英语思维能力，使学生英语素质得到全面提高。英语课堂教学的最终目的就是让学生在有限的45分钟内，通过学习、操练等手段，尽可能掌握本课的教学内容并灵活运用。多媒体技术的应用有助于教师面向全体学生因材施教和分层教学，有助于实现教师教法最优化和学生学法最优化，有助于提高课堂教学效率，有助于巩固、增强课堂教学效果。（初中部　郑平）

随着人工智能、大数据等新技术的不断迭代，新媒体、新技术也逐步进入课堂，基于多媒体的教学资源和教育技术是新时代教育发展的助推器，对教师提出了挑战。学校的现代教育技术装备，包括图像、音频、视频等设备，都实现了升级换代，实现了基于电子信息技术的互动交流。教室和功能室的各种设施设备，也全面实现了现代化。第一代至第三代授课工具，体现了信息的单向输出，第四代授课工具体现了信息的双向交互，而第五代授课工具则体现了信息的多向交互。特别是2020年后，线上教育让教育技术和教育形态发生了深刻的变化。线上课程和线下课程是两类不同的课程，线上课程设计要符合线上教学的特点，如果按照线下教学的思路去设计线上课程，必然会产生较大偏差。

目前，我国的线上教育还处于以媒介资源数字化和教学活动网络化为主的1.0阶段。2020年以来，线上线下混合教学已基本实现，人们开始积极探索教育智能化和自适应学习模式。随着5G时代的到来，5G技术将逐步实现与教育的深度融合，加速教育创新，推进线上教学的发展。

第三节　面向问题的实践作为

在问题定义的基础上，教师需通过思考将问题转化为行动方案。需要注意的是，教师对问题的定义只能在特定层面、特定范围内进行。一般而言，我们可以将教育问题分为宏观问题和微观问题。宏观的教育问题指向教育政策、国家和区域范围内的教育资源配置状况，教育运行体制、教育与政治经济的关联等方面，这些问题并不是教师的教育实践问题。而微观的教育问题则是在具体的教学实践中出现的问题，在教师的职权和责任范围内。从长期来看，随着教师个人能力的提高，教师可解决问题的层次和处理问题的水平会逐步提高。

一、构建生长性课堂

教育理念是对教育本体与方法的根本性理解，与生动的教育实践之间还有一定的距离。一方面，没有教育理念或没有正确教育理念指导的教育实践是没有方向的实践，这种实践丢失了审视教育实践的问题之眼，缺乏教学研究与变革的理据和动力。另一方面，正确的教育理念也只有付诸实践才能发挥其引导作用。在将教育理念付诸实践的过程中，作为实践者的教师应坚持反思与探索。"教育即生长"这一观点始于卢梭，完善于杜威。该观点言简意赅地道出了教育的本义——使每个人的天性和与生俱来的能力健康成长。可以说，生长教育是提高教育质量的最佳途径，是学校发展的必由之路，是教育本质回归的有力支点，是生命发展的最佳选择。

（一）生长性课堂的过程逻辑

习近平总书记强调："让每一个孩子都对自己有信心、对未来有希望。"马

克思认为："每个人的自由发展，是一切人的自由发展的条件。"教育要促进"每个人的自由发展"，而不是某个人的自由发展。促进人的自由发展，解放人性的教育，才能让人民满意。创办新时代"让人民满意的教育"，在宏观上需要落实教育公平和教育均衡，在微观上需要践行因材施教和素质教育。

《中庸》曰："天命之谓性，率性之谓道，修道之谓教。"教育不是规训和形塑，而是激励和顺性。成都冠城实验学校在办学过程中追求"创造最适宜师生发展的教育"，就是因材施教思想的现代表达。"适宜"意味着追求顺性，基于个性而教，追求发展人性。"创造最适宜师生发展的教育"，在管理上体现为"以人为本"，在育人上体现为"发展个性"，在教学上体现为"以学定教"，在评价上体现为"人人出彩"。

成都冠城实验学校根据"教育即生长"的理念提出了"生长课堂"的教学模式。"教学生成的过程是教学目的逐级具体化、共同化的过程。目的的具体化经历着从社会要求、教育目的、教学内容、教师的目的、学生的目的以及师生目的共同化并体现在教与学活动中的复杂过程。"[1] 生长课堂以学生小组"合作学习"为基础，包括"助、探、展、测、评"五个基本教学环节。

生长课堂的教学模式要求教师根据教学目标、教学内容和学情编制导学案。例如，初中数学生长课堂导学案包括：学习目标、学习重点、学习难点、自助独学（自学）、探究互学（探究）、应用乐学（检测）、善思好学（反思）、拓展延伸等内容。

导学案的使用贯穿于整个学习过程：课前，学生根据自助独学的提示和要求，查阅资料，完成预习。课中，教师给学生安排独立的学习时间和讨论时间。教师通过激发、引导，推动学生参与课堂，展示他们"先学"的成果。教师可以在学生分享和交流"先学"成果的过程中，检验他们的学习效果，发现他们的问题。从狭义上说，每节课都应在它自己的从属过程中形成一个漩涡周期，越是较长的周期越要获得明显的收获，进而形成新一轮循环的起点。如果教师能够激励学生在满足周期性欲望时获得成功，那学生定会不断地为这些成功感到欣喜，并开始新的学习。[2]

生长课堂以体验式学习为主，遵循"学为主体、教为主导、练为主线"的"少教多学，精讲多练"课堂教学根本原则，科学地安排学、讲、练的时间，

---

[1] 张广君. 教学的系统发生：历史、心理、逻辑的统一[J]. 南京师大学报（社会科学版），2001（02）：64—70.

[2] 〔英〕艾尔弗雷德·诺思·怀特海. 教育的目的[M]. 张佳楠译. 北京：教育科学出版社，2020：27.

形成以"助、探、展、测、评"为基本环节的教学模式。其中"助、探、测"三个环节为程序性环节，学生学习活动形式相对稳定。"展、评"两个环节为动态性环节，灵活地穿插在其他环节中。在生长课堂中，教师通过引导、启发、矫正和提炼，让学生的学习状态得以保持，解决现场问题，形成知识体系。生长课堂致力于研究课堂教学整体设计和纵深推进策略，能有效地促进教师课程指导力和学生知识建构力的提升。

生长课堂导学案主要包括以下内容：

（1）自助独学。"助"的过程主要以自学自助、咨询求助为主，是学生主动参与，获取基本知识的过程，旨在培养学生自学的习惯和素养。学生课前自学，完成导读作业，初步了解知识概念；教师在导学案中有创意的引入新课，组织学生检查自学作业，找出疑难问题；学生在新课前与班级同学讨论，明确概念内涵，形成初步的知识框架。

（2）探究互学。探究互学为课堂学习的核心。让学生交流学习心得，培养学习研究能力素养。在探究的过程中，以探究重点、难点和共性问题为目标，独立发现问题，探索解题方法，解答变式练习，总结学习经验。同时借助小组合作学习机会，探究综合问题，激发学习兴趣，培养解题能力。教师指导学生解决难点问题，拓展外延，归纳一般规律和方法，提升学生思维能力。

（3）展示交流。学生通过展示，反映学习成效，交流学习心得，培养与其他同学合作学习的能力。在与其他同学交流的过程中，学生可以提出问题，分享所学知识经验，求证解决问题的方法。学生在小组或全班口头或书面展示自学成果，有助于提升其学习自主性。学生可以用实物投影展示作业成果，分享解题方法，还可以向全班展示独立思考或小组研究的成果，板书解题思路或解题过程，突出解题格式和书写规范。

（4）检测反馈。教师通过当堂练习、随堂检测，检查学习效果，检验学习目标达成度。检测的主要形式是通过"变式练习"达到过手练习的目的。检测的主要内容是当堂知识。

（5）评价提炼。有助于教师和学生通过互评，归纳知识体系，规范学习方法。学生通过组内互评互鉴，可以形成共学群学的氛围。在此过程中教师可以及时点评纠错，强调本堂课知识要点和作业规范，必要时可进行情感性评价。

生长课堂的基本策略改变了教师传统的教学方式，实现了课堂教学从"教师中心"到"学生中心"，从"课程中心"到"学习者中心"的转变。教师走出"一本教材"的课堂和"一组PPT"的课堂，用更多的时间去关注学生的需求，并根据学生的需求设计课堂导学方式，引导学生去发现

问题，探讨问题，解决问题。这种"学习方式"的转变反过来也调动了教师教学的积极性，激发了教师的创造力和教学热情。教师根据学生的现场反馈，调整自己的课堂"导引"策略，精心研究教学重点和难点，设计导学案，组织行之有效的课堂讨论及课堂评价，使生长课堂充满活力。

教师在课堂教学中工作重心从关注学生知识点的掌握转变为关注学生能力的养成，从关注"怎么教、教什么"到关注"怎么学、学什么"。教师在教学过程中致力于处理好"教书"和"育人"之间的关系，既要为学生打下坚实的知识技能的基础，又要引导学生树立正确的情感、态度和价值观，提高学生核心素养，创造真正适合学生成长的教育环境。

生长课堂以"学生"为中心，以生长为目标，把育人为本和立德树人作为教学活动的指导思想，注重培养学生的学习方式，激发学生好奇心，发展其潜能，提高其综合素养。生长课堂以培养学科核心素养为最终目标，引导学生在课堂上提升思维品质和关键能力，从而提高核心素养。

（初中部　张毅）

（二）生长性课堂的精准教学

生长课堂是以学生为本的精准教学。大数据技术支持下的精准教学，是以数据决策为基础的教学模式。在这种模式下，老师结合学生的情况，针对教学内容和教学目标选取教学方法，进行教学设计，编写习题及试卷，并提出分层及个性化学习等策略。

精准教学是教师根据课程标准、教科书和学生发展的实际情况、学科教学规律，遵循学生成长规律和认知规律，准确把握教学目标和教学内容，构建科学的教学结构，细化教学流程，促进学生获得协调、可持续的进步，实现预期目标和教学预期效果的活动过程。具体而言，精准教学是教师通过对课堂各要素的分析研究，使课堂教学各要素之间相互渗透，相互支撑，有效整合，从而达成教学目标之科学高效的现代教学模式。精准教学使教育者通过"业务素养精深发展，教育对象精透研究，教学管理精细操作"，把平凡的教学工作做得出色，把出色的教学工作变成一以贯之的常态化行为。

精准教学的实践内容包括目标精准，内容精炼和分层精巧三点。

（1）目标精准：明确描述从学生的现有水平到教学目标之间的各个具体行为，挖掘学生最真实的学习能力，精准界定学生下一阶段学习目标，通过各种手段让学生按步骤完成所有安排。

（2）内容精炼：根据教材内容和学生的实际情况，针对学生的短板知识或技能，进行重点教学。根据学情选择教学内容，有针对性地选择学习内容并设计教学活动。

（3）分层精巧：突出重点，突出难点，突出方法变式，突出检测和评价功能。分层布置，有效练习。

在精准教学的实践过程中，信息技术无处不在。任课教师首先要研究本节课知识要点，提出3-5个知识和能力目标，以"知识点＋难度系数"的形式将其提炼出来，提供给"多分"技术员制作"学习前测反馈卡"。然后，教师要根据知识和能力目标，设计"学习前测卷"，安排10-20钟时间对所任教班级学生进行检测，检测学生的知识基础与学习能力。"多分"公司（学校信息技术平台）需要对学生的答卷进行数据分析，并反馈给任课教师。在完成学习前测后，教师根据所反馈的数据信息调整和完善教学设计，针对学生的薄弱知识点和学习能力差异组织教学。在教学过程中，教师应合理调度时间，根据学生情况把握活动力度，根据学生课堂参与程度精准提问，根据课堂反应效果精准评价。教师在进行精准教学时要把握有限的课堂教学时间，突出教学实效性。既要体现整节课的效益，也要关注每一个环节的效益，还要突出每一个时间单元的效益。学校在设立精准教学标准时，要以教师提问的精准度、学生活动的效度、学生反馈的准确度、学生参与的广度、课堂气氛的活跃度、教学任务的完成度等方面因素为参考。

成都冠城实验学校初中部教师段志强"围绕如何将生长教育的理念转化到教育实践""作为语文教师如何通过语文教学助力学生生长"等问题，通过参加专家讲座，查阅资料，听课、评课和上课等方式，认真总结，积极反思，给出了自己的答案。

> 朗读是语文教学的关键，朗读不仅能培养学生的基本口头表达技能，也可以使学生掌握课文的学习方法，从而更深入地去理解文本。抓好朗读训练，在语文教学中具有极其重要的作用，叶圣陶先生多次强调："书读百遍，其义自见。"《语文教学大纲》明确指出"中小学各个年级的阅读教学都要重视朗读。要让学生充分地读，在读中整体感知，在读中有所感悟，在读中培养语感，在读中受到情感的熏陶。"在教师的日常教学设计中，第一个教学环节中大都赫然写着："朗读课文，注意朗读要求，读出情感，读出感悟……"可是琅琅书声似乎从没在我的课堂上响起过，即使响过，那也是装装样子快速阅读一遍，敷衍了事。在课堂上朗读的时间不多，许多教师没有真正认识到朗读的作用，把朗读仅仅当成课堂教学中的一个过渡环节，学生在听完教师范读或自读课文后，便很快进入了对课文

的分析和探讨，把绝大多数时间都用在轰轰烈烈的提问讨论之中。以前，为了节约时间，教师一般只让几个朗读能力强的学生读课文，相当大部分学生成了听众，对朗读的兴趣和热情逐步被削弱。此外，教师对课堂朗读的指导方法机械单调，没有与对文本的理解有机结合。许多教师为了尽快达到"有感情地朗读"这一目标，直接让学生在文本中注明哪个词重读，哪个地方停顿，哪个句子要快读，哪个句子要慢读，哪个句子要用激动的语气来读，哪个句子要用痛苦的语气来读，等等，导致学生的朗读成了按图索骥的拼读，情感苍白，语言生硬。

段老师按照朗读熟练程度和教学进程，将朗读分为三个层次：一是正确，即读音正确，停顿适当，不错不漏；二是流畅，即正确把握语调，语气连贯；三是传神，即熟练地运用语音和表情，表达文章的风格和神采。朗读之前，教师需要分析作品的内容和风格，对文章有深切的理解和把握。比如《春》的清新明丽，《沁园春·雪》的雄浑，《天上的街市》的飘逸，《背影》的质朴，《永遇乐·京口北固亭怀古》的豪放，《登幽州台歌》的悲慨，等等。在对作品风格有了较好的理解和把握之后，才能发挥想象，身临其境，入其心，体其味，缘其情，然后才能渲染语音表情，化声音为形象，把握作者情感的起伏，"怒而如潮""疾而如驰""舒而如云"，以语流的起伏跌宕在听者的心壁上引起同振共鸣，从而实现朗读的艺术效果。

通过实践探索，段老师对课堂朗读有了更深的认识。朗读重在引导学生去想象作品中描绘的情景，领略景物之美；把握好重音和停顿，感受汉语的节奏美和韵律美。但是，在学生还没有完全理解文章的内容之前，不可能读出蕴含在作品中的全部情味，这时教师的示范朗读（背诵）显得尤为重要。教师不仅要在停顿、语速、语气、重音、节奏等方面给学生示范，还要带领学生进入课文描绘的情境中。教师在朗读（背诵）课文时要融进自己的感情，读出作者的感情，声情并茂，能让学生感悟作品的语言意蕴、韵味情感，受到作品之美的熏陶。教师的示范朗读（背诵）往往能激起学生的表现欲。通过一学年的教学实践，段老师总结出了一些语文课堂朗读的经验。

首先，教师要大胆地范读，充分发挥示范作用。学生的朗读技巧和朗读能力是欠缺的，但是他们的模仿能力和表现欲望是特别强的。因此，教师要注重范读的重要性，发挥示范作用。教师还可以领读，即教师高声读，让学生随声附和。当然，在朗读课文时，教师只是起到示范作用，并不要求学生照搬照抄，囫囵吞枣。这时就需要用个别读、比赛读等形式，让学生充分展示自己的朗读才能，或展开小组朗读，将学生分组，鼓励组员互评互学不断提高。其二，教师要鼓励学生大胆地读，逐步引导学生会读：读正确、读流利，走进作者的内心世界。课堂上，教师要通过播放课文录音、范读等，让学生产生一个初步印象，然后给学生充足的时间和机会，让学生自由读，小组读，比赛读，使学生读懂课文，读正确、读流利，为学生有感情地朗读课文打下扎实的基础。教师应提醒学生，在大声朗读时不要光听自己的声音，要切实走进文本，融入文本的意境中。真正的感情不是读出来的，而是从内心涌出来的。其三，教师要创设适当的情境，渲染气氛。教师在有感情地朗读课文时，应创设一定的情境，在班里渲染适当的气氛。教师可以播放与作品情感相吻合的音乐，介绍作品写作的时代背景等。其四，教师鼓励学生把从朗读中体会到的情感说出来，带动其他学生对文本情感的体验，让那些对文本的情感体验不够明了，或暂时还没有体会到文本情感的学生豁然开朗，为有感情地朗读课文营造氛围。教师应不断努力，让学生尽情朗读，在一篇篇美文中感悟语言的意蕴、韵味和情感，受到美的熏陶，提升学生的语文素养，实现学生的知识、情感、生命的生长。

（三）生长性课堂的差异化教学

差异化教学，通俗来讲就是根据学生的不同需求进行个性化的引导和教学。李希贵指出，传统教育的弊端是"不见树木，只见森林"，事实上，"那棵树与这棵树并不一样""发现每棵树的生存需求和生存价值，就成为校园里的重大挑战"。[①] 个性差异化的教学就是为每个学生提供适合他们自身的发展方式，促进他们最大限度的发展。

教师在进行差异化教学时，首先要了解学生的个性差异。了解学生不能仅靠目测，而且还要做科学的测查与评估。测查和评估时不仅要了解学生在学业方面的准备情况，更要全面了解学生的心理差异（包括量的差异和质的差异），发现学生的优势和不足。测查和评估应贯穿于整个教学过程的始终。

其次，教师应在尊重学生个性差异的基础上建构系统的、多样化的教学策略和实施途径。具体而言，可以从教学目标、教学内容、教学过程、教学方法、教学组织形式、教学评估等方面全方位地适应学生的差异性需要。比如，

---

① 李希贵. 面向个体的教育［M］. 北京：教育科学出版社. 2014：10-11.

教学目标应具有差异性，应考虑到不同层次学生的要求，且无论对于哪一层次学生，教师为他们设立的目标都应在他们的最近发展区内；教学内容应具有可选择性，适合不同学习兴趣、不同学习风格学生的需要；教学方法应灵活多样等。

再次，差异化教学的目的是要开发每个学生的潜能，教师应该注意针对学生的评价方式也要多样化，评价主体要多元化，将终结性评价与过程性评价相结合。差异化教学还需要一个能够包容个性差异的环境，也就是说，教师从观念上要从"应试"转向"尊重人的个性差异"，然后把这种观念传递给学生、家长和学校。差异化教学追求的是共性与个性的和谐统一，因此，要将个别学习、小组学习和班级学习结合起来，在集体和小组活动中发展学生的个性和潜能。集体学习有利于学生自尊、自重情感的产生，有利于学生自我意识的形成，在和其他同学的交往过程中更好地认识自己，完善自己。差异化教学是精准教学的具体实践策略。

以初中音乐教学为例，教师可以运用大数据把握学生的基本情况，然后开展差异化教学。首先，教师在上课之前，可以针对当堂课的教学内容进行关联测试，即课前测试，让学生对这些题目进行选择，然后通过平板电脑所反映出的大数据进行统计分析，获得准确的学情分析，然后根据学情制定教学计划。

差异化教学也是教学反思的主要方式。教师通过反思，分析差异化教学是否有效落实，发现其中存在的问题，然后针对这些问题提出精准的措施，提高以后的教学效果。例如，教师在对课堂进行反思后，发现一部分课程虽然设置了差异化教学目标，但是在实施的过程中却放弃了，主要原因是教学时间不够，且教师对学生的情况缺乏全面的了解。针对这种情况，教师可以抽取题库中的例题，让学生来完成，以便进行差异化评价，逐渐实现差异化教学。（初中部　曾欢）

差异化教学的目标是使每个学生都认识到自己的优点，接受自己与他人的差异，充分发挥自身的潜力，让每个学生在课堂上都享有平等的教育权利，实现合理发展。从总体上来看，差异化教学是一种全面性的教学过程。不仅包括营造民主的课堂文化，而且还考虑到了学生的家庭背景、文化背景、认知能力和情感背景，将学生视为学习过程中的一种资源。

二、开展生活化教育

教育是生活的一部分，人生活于教育之中。正如陶行知先生所说，我们深信生活是教育的中心。生活教育是给生活以教育，用生活来教育，为生活向前向上发展而教育。教育只有在生活中进行，才能发出力量，成为真正的教育。教育来源于生活，让学生在生活中学习，在学习中更好地生活，从而获得有活力的知识，并使情操得到真正的陶冶。真正的教育是让学生把一般原理运用到多种不同的具体细节中，从而更透彻地理解这些原理。

（一）教学资源的生活化

尽管教材依然是重要的课程资源，但它却不是唯一的课程资源。"今天的教材已经不仅仅是学生课桌上的书本，那些有利于学生学会学习、学会思考、学会合作、学会创新和发展的资源在新的教育价值观的引导下，将会逐步占据主导地位。"[①] 成都冠城实验学校高中部教师陈玉婷的《一滴水，用放大镜看，也是一个世界》"生活化"作文教学实践就是一个很好的案例。

什么是"生活化作文"？王焕银老师在她的《写作生活化　生活写作化》一书中这样定义："生活化作文是指作文教学与社会生活、学生生活相结合，是指语文课堂教学与社会生活、学生生活相结合，使作文教学方式变成学生积极参与、乐于参与的生活过程。"

"生活化"包括下面三层意义：第一，教学目标生活化。教学目标不仅是培养学生提高知识技能，更重要的是培养学生喜爱写作、主动表达的愿望；第二，教学内容生活化。教学内容与社会生活、学生生活经验相结合；第三，教学活动方式生活化。教学活动是学生乐于参与、主动参与的生活过程。我认为，生活化写作的关键在于，学生在老师的引导下，仔细观察身边所发生的一切，时时刻刻用眼睛去看，用耳朵去听，用鼻子去闻，用手足去触摸，用心灵去交流。在此基础上，进行创作，如"今天校园里有朵花开了，它让我欣喜""今天我哭了，哭不是软弱不是妥协""这个新闻触动了我，我要用诗歌把我内心的想法表达出来""这篇课文我有另一种理解，我要去表达"……生活化写作能让学生真正实现"我手写我

---

① 徐继存，周海银，吉标. 课程与教学论 [M]. 济南：山东人民出版社，2010：178.

心",用文字记录多彩的生活!

　　教师在指导学生创作生活化作文时,首先应丰富学生心灵,指导学生观察生活、认识生活。大语文观认为:"语文学习的外延与生活的外延相等。"生活里到处都是写作素材,教师应该引导学生观察生活,比如在新学期开始时观察学校的变化;观看电影后对电影情节、拍摄手法进行总结;关注社会热点,积极表达自己的见解;每周回家看看饭桌上菜色变化,感受家长的默默关心……树木、花草、虫鱼、鸟兽、图书、报刊、音乐、电影、热点新闻等都是丰润我们心灵的最好素材。只有让学生明白一草一木皆可为文,才能为生活化作文的创作打下基础。

　　此外,教师要利用新闻热点,引导学生应时应景创作。新闻热点包括时事政治新闻、民生热点、文体动态……对学生来说,看新闻、说新闻、听新闻、评新闻就是最好的写作练习方式。教师可利用学生感兴趣的新闻热点引导学生激情创作。例如,2019年伊始,短视频《啥是佩奇》火遍全国,我带着学生观看了这段视频后,展开了一节主题为"今天,你佩奇了吗?"的时评作文课。课后,学生纷纷交来了自己的作品,有感慨亲情的,有怀念自己的爷爷的,有剖析家庭代际交流的,有指明城乡两元对立的……

利用互联网写作技术,开展新形式作文,是学生作文生活化策略的重要途径,也是生活化写作未来性的体现。教师可鼓励学生在博客、QQ空间、美篇等网站或软件中发表作品,展示当代学生的生活。生活化写作就是将教学生活化置于现实生活背景中,唤起学生作为生活主体者参与创作的热情。生活是写作的来源,这就为生活化作文教学指明了方向。教师在开展生活化作文时,教学首先应做生活的有心人,然后用内心的丰润带动学生,引导学生成为生活"有心者",让学生发现真我。

(二)生活教育的整合性

　　整合性教学是指教师创设有利于学生学习的情境,以教材知识或由教材引发的相关内容与教材本身相融合的教学方式。在语文教学中有一个名为"学习任务群"的概念,该概念也暗含"整合"这一关键词。在语文教学中,学习任务是基于真实情境,借助学科核心素养,整合各种学习资源和方法,去解决问题或探究项目。所谓"任务群",就是指一系列相对集中的项目或问题。学习任务群要求学生应具备的语文能力是多种语文能力的整合版,教学或学习方式由传统的以教材、单元、课文为线索,变成了以任务、专题、板块为线索。

语文教学中"群文阅读"也是典型的整合式教学。所谓群文阅读，就是在单位时间内阅读多个文本，或者把多个文本作为一个整体展开阅读。群文阅读教学，首先要选好文章，围绕一个主题把多篇文章聚在一起，否则，群文阅读就会"群龙无首"，杂乱无章。基于教材单元整组、综合性学习等群的文阅读教学，由于教材中本身就有主题，教师无须再确定主题或议题。基于课外阅读、略读课文等的群文阅读教学，则需要教师从文章内容、人文内涵、表达方式等多角度确定主题或议题，围绕主题精选文章。这些群文都有内在联系，也有共同的线索。群文阅读的主题是多元的，开放的，或是为了强化某种认知，或是为了习得某种阅读策略，或是为了促进辩证思考，或是为了发展多元认识，或是为了引发认知冲突，或是为了领会某类文本特征，或是为了体会某种表达方式……群文阅读教学成功与否，很大程度上取决于教师整合文章的方式和目的。选怎样的文章组成"群"，是由教师的阅读视野、品味与阅读教育理念决定的。那么，教师如何将教材的主题与课外阅读有机地整合呢？

在平时教学中还可以用一个知识点来作为群文的线索。例如，教师在教授"对话的提示语"时，可以选《灰雀》《狐狸和乌鸦》《陶罐和铁罐》《狼和小羊》等文章进行教学，指导学生关注作品中的提示语，并体会其蕴含的人物情感、个性。如教师在教授"写景文章的总分总结构"时，就可以选《富饶的西沙群岛》《美丽的小兴安岭》《葡萄沟》等文章进行教学。教师在教授"如何围绕中心句写作"这一知识点时，可选择《松鼠》《小虾》《小镇的早晨》等文章进行教学。

教师选择好群文后，要有结构地呈现文章，让群文有机组合起来。在群文阅读教学中，不能一篇一篇孤立地呈现文章，也不能把多篇文章无序地呈现，最好有一定的结构，才能取得群文阅读教学的整体效应。可以根据文章主题和特点，合理选择举一反三、分组递进、反复重读等方式，有效地呈现文章。举一反三式的群文阅读教学结构，即先读一篇文章，从第一篇文本中发现理解的模式或者结构，然后应用这种模式或结构理解其他文本。比如在以"借物喻人"为主题群文中，师生可以通过对一篇文本的阅读发现"物之所以可以喻人，在于物和所喻之人有共通之处"，然后带着这一理解模式去阅读其他文本，发现群文的共通之处。这种教学结构，以一篇带多篇，教师容易教，学生容易学，可操作性强，能很好地提高教学目标的达成度。

分组递进式的群文阅读教学结构，即先读一组文章，再读另一组文章。如在以"太阳·石头·风"为主题的群文阅读教学中，教师可以先指

导学生读两首有关太阳的诗歌，让学生感受诗人丰富的想象力；再指导学生读两首有关石头的诗歌，让学生发现诗歌语言的趣味性；最后引导学生阅读三首有关风的诗歌，让学生充分体会诗歌的想象力和趣味性。这种教学结构采用分组呈现文章的方式，让学生始终在文本中进行思考，有利于提高学生的综合分析能力。（小学部　赵韬）

（三）生活教育的体验性

体验式教学又称"情境教学法"或"情境体验式教学"，是通过情境创设，组织学生直接或间接参与，在参与中获得真实的个人体验，从而触动心灵、提升认识的一种教学方式。"知识对于主体的价值只有在知识活动中体现出来，如果知识要对学习者产生意义，那么只有能动地'参与'，并生成具有个人意义的知识"。[①] 体验式教学以互动、参与、讨论、分享为特征，也可称为"参与式教学"，按照参与的方式可以将体验式教学分为两大类：直接参与的体验式教学和间接参与的体验式教学。

成都冠城实验学校小学部何倩倩老师在讲授语文一年级下册《夏夜多美》这篇文章时，为了让学生体会到小蚂蚁趴在水草上那种焦急、害怕、伤心的心情，采用了适合的道具——球，让学生趴在球上，再让学生摸摸水上漂浮的东西，体会小蚂蚁趴在水草的感觉，从而加深学生对小蚂蚁心情的理解。

这种通过体验所获得的知、情、意、行等方面的感受，能够在一定程度上增强体验感，加深学生对课文的理解。阅读教学要求学生体会作品、作者的思想感情，并形成个人体会。另外，教师阅读教学中注重体验，也体现了教师建构主义的教学观，说明教师转变了方法，不再将自己的知识一味"倒"给学生，而把重心放在"学生学"，给予学生从知识的旁观者走向建构者的机会。

《新课标》中指出，"学生是学习和发展的主体"，要"充分激发学生的主动意识和进取精神，倡导自主、合作、探究和开放的学习方式"。《新课标》体现了语文阅读教学对学生体验的重视，这是对传统语文教学"重接受轻探究、重知识轻体验、重结果轻过程的被动、封闭、接受性的学习方式的否定和扬弃"[②]。就《新课标》中的阶段目标来看，各个阶段的阅读教学都有不同层次

---

① 汪丽梅. 课程改革背景下教学方法改革的知识观分析［J］. 教育研究与实验，2015（05）：33—36.

② 简雪娟. 新课程标准下的语文阅读教学探索［J］. 天津师范大学学报（基础教育版），2003（03）：20—23.

的体验要求，而且在文本中"体会""体验"等关键词出现了多达15次。在阅读教学中，学生对情境的感受，对文章思想感情、作者的情感，乃至自我情感的把握等都离不开体验。由此可见，体验不仅是阅读教学的方法与过程，还是其追求的目标。

"我们五官的感受乃是认识与共鸣的第一步。借助口授言传给儿童灌输现成的概念，使之产生思考，不过是一种错觉。"[①] 因此，阅读教学也应当注重学生的体验，让学生通过体验来探索知识，让学生学会学习。正如《新课标》中所述，"阅读是学生的个性化行为，不应以教师的分析来代替学生的阅读实践"。这就要求教师要改变"师者，所以传道授业解惑也"的传统观念，"把'指导学习'而不是把'传授知识'作为教学活动的主要目标"，从而达到叶圣陶先生所提倡的"教是为了不教"的境界。在新课程改革的要求下，教师要改变过往"填鸭式""满堂灌"的教学方式，学会放手，归还学生作为学习者的主体地位，培养学生主动探索、自主学习等能力；在阅读教学中鼓励学生大胆质疑、乐于分享，提倡通过师生之间、生生之间的平等交流来探索解决疑问的方法，从而让学生自我建构其认知结构。（小学部　何倩倩）

考虑到学生的学习特点，教师应该给学生提供一个良好的体验环境。教师在语文阅读教学中要尽量为学生提供能够满足其体验需求的教育服务，为各种体验创设良好的情境。例如，阅读教学中可以利用具体的事物、模型、音乐等为学生创设"实体情境""模拟情景""语感情境""想象情境"等阅读情境。体验情境的创设是教学直观性的体现，在阅读教学中教师应该遵守这一原则。直观性不仅保障了学生的体验需求，还有助于学生克服阅读带来的"语义不和""没有共鸣"等弊端，从而正确领会字、词、句、段、篇，把握文章内涵。

（四）生活教育的时事性

思想政治教育是一门集社会性、时代性和人文性于一体的课程。仅靠教材现有的材料作为中学生认识、了解社会的窗口和渠道，远远不能满足当代中学生成长和发展的需要。时政播报是思政课教师经常采用的素材，旨在开阔学生视野，引导学生将理论知识融会到社会生活中。

---

① 〔日〕筑波大学教育学研究会. 现代教育学基础[M]. 钟启泉译. 上海：上海教育出版社，1986：273.

时政播报具有时效性、话题性、关注性等特点，在吸引学生、引出话题、激发兴趣等方面有着独特的作用。从一般意义上理解，学科教学和时政教育的落脚点是学生在时政背景中运用教材所学知识来解决问题。例如，在历年的高考政治真题中，都会突出对时事政治的考查，这种考查经常根据时事材料引出问题，突出当前的社会热点。教师利用时事热点分析理论知识，能够彰显政治课的功能性，让课本中枯燥的政治知识被激活。时事热点是政治课的一股清泉，也是政治学习的重要载体。在政治教学创新发展的过程中，重视时事热点，增加时政文本阅读，引导学生自然去学，主动去学，有助于构建高效的高中政治课堂。

在讲授《生活与哲学》第九课第二框《用对立统一的观点看问题》时，因为哲学属于比较难的一部分，教师在进行教学设计时往往比较头疼。这时，可选择典型的时政素材来帮助学生理解知识点。

利用课前"新闻播报"提高学生学习兴趣。每节课前，教师可专门用5分钟时间进行"新闻播报"，"新闻播报"的内容可从政治、经济、文化、社会、生态、军事、体育中任选两个，播报完后要求学生对新闻进行评价和分享，并完成一道根据新闻材料设置的主观题。

在新课教学中，从导入部分到突破重难点部分，教师都可以使用近期的时政新闻作为案例。这样既扩展了课堂教学氛围，又开拓了学生的眼界，对于高中生来说是一种享受。比如，在讲解《生活与哲学》第一课《世界是普遍联系的》的时候，可以用关于港珠澳大桥的新闻作为素材，让学生分析影响港珠澳大桥建设的因素，从而导入新课，这样的导入可以让学生切身感受到万事万物处于普遍联系之中。在突破重难点部分，也可以使用港珠澳大桥相关新闻，让学生思考和讨论下列问题：港珠澳大桥的修建所体现的哲学道理是什么？在港珠澳大桥建设过程中为什么要重视地震、台风、海洋资源等问题？这说明联系具有什么特点？给我们什么哲学启示？教师通过这个热点新闻，引导学生理解和掌握联系的三个特点：普遍性、客观性和多样性，从而突破本课的重难点。（高中部　李艾蓉）

综上所述，教师可以通过多种方式利用时事资源，让时事资源发挥教育作用。例如，教师可以每周发放时政热点文本阅读资料，同时设置一道主观题分析，提升阅读的效果；鼓励学生在网络上阅读时政新闻，建立微信时政文本阅读群进行交流，激发学生阅读时政新闻的内生动力。学生在大量阅读时政文章的时候，可以对我国的现状、社会的发展有一定的了解，更重要的是，可以在潜移默化中提高自身的思想觉悟，树立正确的世界观、人生观和价值观，增强爱国热情和社会责任感。

第三章　方法与过程：深度融入教育实践

校本研修是高品质学校建设的"牛鼻子"，也是教师成长的一条捷径，是教师专业发展和学校高品质发展的动力和引擎。但我们应该看到，实践中的校本研修存在着脱离教育现场、研修过程形式化、研修效果浅表化等问题，校本研修不应是闭门造车，更不应成为形式主义的"空中楼阁"，只有方法正确、过程合理，校本研修才能获得切实的成果，才能事半功倍。校本研修的方法与过程深度融入教育实践值得探讨。

第一节　初始性行动方案

"凡事预则立，不预则废。"在开展校本研修活动之前，制定科学合理的行动方案显得尤为必要和重要。科学合理的行动方案对于提高效率、规范流程、物化效果等具有重要意义。"他山之石，可以攻玉"，管理学理论认为，计划、组织、控制是管理的三项职能，其中计划又是管理工作的第一步，是起始性动作。这种方案已经"不是系统的理论形态的表达，而是依据知识论和价值论所作的筹划，根据具体的情境来设定可行的计划与规则"。[1] 一项工作首先要具有计划，才会有后续的组织和控制，没有计划的工作，往往会出现很多纰漏，甚至达不到预期目标。

当然，很多时候确实"计划赶不上变化"，一项活动的方案计划在具体的实践过程中总会遇到一些应当根据实际情况进行修正的地方或不可抗力，我们应该具体情况具体分析，对方案进行必要的充实、修正、调整、删减等，基于此，我们把校本研修活动最初的方案叫作初始性行动方案。

---

[1] 梅景辉. 生存解释学研究［M］. 北京：中国人民大学出版社，2016：81.

一、初始性行动方案的拟定

初始性行动方案应该具备哪些内容呢？首先，我们应认识到，初始性行动方案的拟定应该基于具体的研修活动，具体情况具体分析。但由于研修活动的内容不甚相同，初始性行动方案也会略有差异。我们应坚持"求同存异"，找出行动方案的相同之处。

管理学理论认为，各初始性行动方案之间虽有差异，但至少应该有以下共同点，可以概括为5W2H：

5W：What、Who、When、Where、Why

What：计划所指的要做什么或完成什么；明确工作任务；

Who：计划由谁、哪些人执行；明确工作任务的执行者；

When：什么时候执行到什么程度；明确工作任务进度；

Where：在什么地方进行工作；明确工作开展地点、区域；

Why：为什么要这样做；明确工作起因、动机；

2H：How、How many

How：怎么开展工作；明确工作方式方法；

How many：完成多少工作；明确工作量。

一项活动的方案至少应该具备任务主题、责任划分、实施进度、开展地点及方式，才能称为基本完整的计划或方案，校本研修活动的方案也不例外。初始性行动方案是一场活动的"纲"，纲举目张，其意义也就十分重要，但不同的活动也应有不同的侧重点，因此，方案的制定固然有其程式性的内容，但也应该有活动独具特色的地方，结合活动的重要性和复杂性，或繁或简，或长或短，或详或略，有所侧重，有所强调。例如就如何解决高三语文早读背诵的问题，成都冠城实验学校马振伟老师制定了一个背诵识记方案计划。

高三语文早读古诗文背诵识记方案

一、方案目的

语文高考要求背诵识记的古诗文共64篇，其中高中古诗文14篇，初中古诗文50篇，任务重，难度大，为提高三语文早读的识记效率，提高

背诵的效度，特针对性制定本方案。

二、适用对象及场景

高三学生的语文早读。

三、原则

1. 基于对背诵主体和记忆规律的科学研究。
2. 滚动循环式背诵。

四、具体安排

高三语文早读古诗文背诵识记顺序

次数	背诵识记
1	《劝学》《论语》《饮酒》《送杜少府之任蜀州》
2	《逍遥游》《次北固山下》《使至塞上》《记承天寺夜游》
3	《师说》《闻王昌龄左迁龙标遥有此寄》《望岳》《马说》
4	《阿房宫赋》《春望》《早春呈水部张十八员外》
5	《赤壁赋》《酬乐天扬州初逢席上见赠》《赤壁》《陋室铭》
6	《氓》《关雎》《蒹葭》《三峡》
7	《离骚》《泊秦淮》《夜雨寄北》
8	《蜀道难》《观刈麦》《观沧海》
9	《琵琶行》《行路难》《小石潭记》
10	《岳阳楼记》《登高》《虞美人》《锦瑟》《钱塘湖春行》
11	《醉翁亭记》《念奴娇·赤壁怀古》《爱莲说》《无题》
12	《鱼我所欲也》《渔家傲·秋思》《浣溪沙》《登飞来峰》
13	《出师表》《白雪歌送武判官归京》《游山西村》《过零丁洋》
14	《送东阳马生序》《永遇乐·京口北固亭怀古》《相见欢》《天净沙·秋思》
15	《破阵子·为陈同甫赋壮词以寄之》《己亥杂诗》《水调歌头》《生于忧患，死于安乐》
16	《曹刿论战》《山坡羊·潼关怀古》《茅屋为秋风所破歌》
17	《雁门太守行》《江城子·密州出猎》《邹忌讽齐王纳谏》《桃花源记》

学校教育不仅包括教学，还包括德育。德育有广义与狭义之分，广义德育指在政治、思想与道德等方面实施的有目的、的计划的活动，包括社会德育、

社区德育、学校德育和家庭德育等。狭义德育专指学校德育，即教育者按照一定的社会或阶级要求，有目的、有计划、有系统地对受教育者施加思想、政治和道德等方面的影响，并通过受教育者积极的认识、体验与践行，以形成一定社会与阶级所需要的品德的教育活动，即教育者有目的地培养受教育者品德的活动。

学生的成长离不开丰富优质的精神营养——德育元素，学校办学质量的提高离不开德育的保障，为进一步落实立德树人的任务，实现"培养具有中国灵魂和国际竞争力的现代人"的培养目标，成都冠城实验学校提出"五自立人"生长教育的育人体系，主张"德育注重自治，智育注重自学，体育注重自强，美育注重自乐，劳育注重自力"，立足于培养学生自立自强、自治自律的精神和能力，以理想、信念教育为核心，以责任教育和生命教育为着力点，以树立正确的世界观、人生观、价值观为重点，养成高尚的思想品德和良好的道德情操，增强"志气、骨气、底气"，成为"担当民族复兴大任的时代新人"。

为践行生长教育的育人模式，实现学校的培养目标，成都冠城实验学校主张观念德育，引导师生的思想发展，即育"心"；主张行为德育，以活动为载体，立德于行，搭建多元发展平台，提升学生个人才能，形成学生发展优势，从而进入和形成自我管理、自我生长、自我育人、自我提升的育人境界和育人文化。基于此，成都冠城实验学校创新德育品牌，开展"校长约你面对面"活动、残疾人励志报告进校园、劳模工匠进校园，举办一年一次的体育文化节暨田径运动会，开展学生生涯教育活动等。

下面以成都冠城实验学校体育文化节暨第十九届田径运动会、初二年级的青春梦想教育和高二的立志成才教育为例进行基于活动开展的教育现场的校本研修分析与探讨。

一年一度的"冠城杯"体育文化节暨田径运动会是全体师生期待的盛会，是学校高度重视的活动之一，以项目负责制形式安排和分配工作，设立文化展示项目组、团体操项目组、开幕式项目组、赛事项目组，成立领导小组、工作小组，落实具体内容。项目负责制要求团队成员团结合作，因为在以项目负责制为形式组织体育文化节和运动会的过程中，如果某一成员或环节出现不协调情况，将会影响整个团队的工作进程，带来不可预测的结果。为进一步让项目负责制更高效地运用于体育文化节的开展以及运动会赛事之中，学校从以下方面进行了探索：

一是增设副总裁判长一名，安排好各个赛事的时间，做好参加比赛学生的准备工作，负责赛后成绩的汇总与颁奖、设施设备管理等，保障整个

活动期间的热水供应，做好音控室的工作交接与人员培训，把握整个活动流程，积极配合总裁判长，保证整个活动的顺利开展。

二是将比赛项目与体育教学内容相结合，创新体育活动开展方式，开展除跑步、投掷实心球、跳远、跳高等传统项目的活动以外的趣味运动，让更多的学生参与到活动中，让学生真正运动起来，让体育文化精神渗透到学生的学习生活中。

三是举办运动会摄影展。用光影记录生活的美好，运动会的举办定会引来无数师生的拍摄，无数个精彩瞬间停留于师生的摄影设备中，摄影展的举办将更多的精彩聚集并展现在校园里，引领师生关注体育，关注生活的美好。

青春期的孩子在生理上的急剧变化冲击着其心理的发展，使其身心发展失去平衡。这种失衡主要表现在心理上的成人感与半成熟现状之间的矛盾，即从心理上过高地评价自己的成熟度，认为自己的思想和行为属于成人水平，要求与成人的社会地位相等，渴望社会给予其成人式的信任与尊重，从而出现心理断乳与精神依托之间、心理闭锁性与开放性之间的矛盾，这些矛盾常常表现为成就感与挫折感交替出现。

为进一步帮助引导学生处理好青春期问题，明确学习目的，树立人生梦想，学会处理矛盾，学会与人交往，学会沟通，知晓法律知识，学校先后在初二年级组织开展青春梦想教育，在高二年级开展立志成才教育，邀请四川省盲人协会主席吴军、中国人民解放军技能大师刘尚明、全国五一劳动奖章获得者游洪建、成都市优秀心理工作者龙林、成都中医药大学曹小峰、四川大学临床医学专业曾晓燕等到校为初二年级学生开展讲座，邀请学校校长毛道生、学校高中部校长杨永成、成都市检察机关十佳公诉人蔡泽轩、张江，学校历届优秀毕业生等为高二年级学生开展人生理想、生涯规划、法律法规等知识讲座。除了讲座，学校还组织学生走出学校，外出参观建川博物馆，进一步弘扬社会主义核心价值观，激发学生的社会责任感与历史使命感，增强学生的感恩立志、笃学成才意识，让广大学生在实践活动中实现自身的全面发展，成人成才。

二、初始性行动方案的合理性论证

在制定好初始性行动方案后，我们并不能将它束之高阁，成为无人问津的高头讲章，而应该对方案的合理性展开充分论证，在充分论证的基础上进行实践展开，只有这样，初始性行动方案才具有切实可行。行动方案的合理性论证具有承上启下的作用，既有利于保证行动方案的合理性，又可以为方案的实践奠定科学开展的理论基础，使实践少走弯路，降低研修成本，提高研修效率，保证研修的成果。

如何对初始性行动方案进行合理性论证，我们也可以借鉴管理学上的SMART原则：

（1）具体的（Specific）：对于大的计划，要分阶段、分步骤，准确分析执行过程中的环境、影响因素等，做出周密具体的对策和行动方案，不能笼统模糊。计划做得周密、具体，可以减少执行中的沟通成本、干扰、困惑。即使一些小的工作项目，计划中也不能忽略细节。比如一场教研组备课组研修活动，要制定具体的主题，从备课地点的选定、布置，会议议程的安排，会议发言人的提前通知，发言稿的准备等，这些都必须落实到具体执行人。

（2）可衡量的（Measurable）：计划的阶段目标结果要可衡量，让执行者更明确，以便掌握和控制工作进度、检查、跟踪考核。

（3）可实现的（Attainable）：方案计划必须是可实现的、可操作的，不切实际的计划不仅会浪费做计划的时间和精力，还会引起组员抱怨，影响执行力，最终达不到目的，方案也就形如空文。

（4）相关性（Relevance）：所有的计划都是因一定的目的、目标而定，目标是终点，计划就是设计要达到终点所必须经过的历程。

（5）有时间限制的（Time-bound）：研修主体根据自己的活动需要设定了目标，我们的工作就要围绕这个目标在规定的时限内去完成。计划要具体地体现工作进度，以便在预期时间完成任务。

虽然拿管理学上的SMART原则来对校本研修活动方案进行合理性论证是可行的，但作为扎根教育现场的校本研修活动也应构建自己的合理性论证标准。虽然校本研修活动千差万异，但论证标准应该具体情况具体分析。教育理念向教学行为转化是一个由外到内、由内到外的转化过程，大体要经过学习理解、认同内化、创新生成、外化实践等阶段。[①]

在论证这个方案计划的合理性时，成都冠城实验学校高中部教师马振伟首先从背诵主体和记忆规律两方面做了如下论证分析：

[①] 段作章. 教学理念向教学行为转化的内隐机制 [J]. 教育研究，2013（08）：103-111.

1. 背诵主体

高三学生是本文的研究对象和主体。高三学生年龄普遍在十七八岁之间，正处在一个人人生中记忆力和精力较好的时期，加之要参加高考，语文教材中的 64 篇古诗文又是必考内容，他们背诵的动力也很充足，这些都是优势和有利条件。此外，高三考生的压力较大，课业较重，时间较紧，能够分配到背诵上的时间和精力也不是很多。加上古诗文背诵有易背但也易忘的特点，需要一遍又一遍地滚动背诵，不少学生因此产生厌烦甚至放弃心理，这些又是劣势和不利条件。总之，作为研究者，我们既应该看到有利条件，也应该看到不利条件，扬长避短，对症下药。

2. 记忆规律

艾宾浩斯是德国著名的心理学家，他对记忆规律有着较深的研究，并提出了艾宾浩斯记忆曲线。在艾宾浩斯看来，识记学习的信息进入大脑后，遗忘也就随之开始了。遗忘并不是匀速进行的，而是随时间的流逝先快后慢地发生的，也就是说，在刚刚识记的时候，遗忘速度最快，时间越往后，遗忘速度就越慢。艾宾浩斯将自己的实验数据公示，并以时间间隔为横坐标，以记忆存量为纵坐标，整理成图，这就是著名的艾宾浩斯遗忘曲线（如图 3.1）。

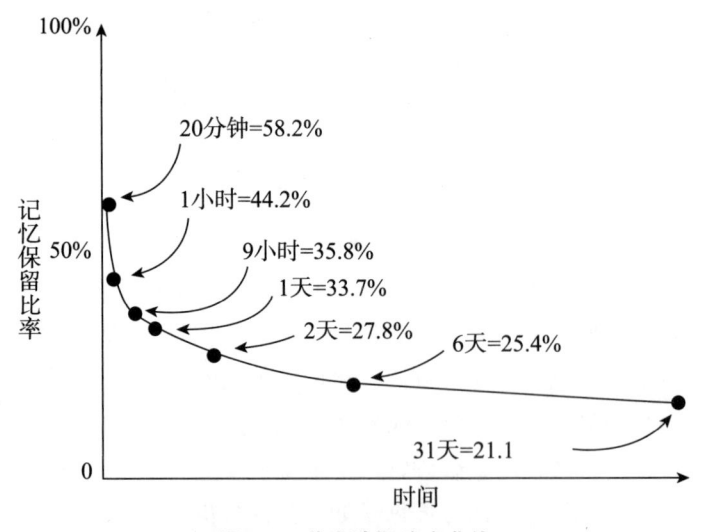

图 3.1 艾宾浩斯遗忘曲线

艾宾浩斯遗忘曲线对我们的学习有着极大的理论指导意义。我们在记忆某个知识点时，最好采取滚动式记忆的方法，才能达到更好的记忆效果。如对刚识记的内容，应该趁热打铁，一天之后再识记一遍，三天之后再巩固性识记一遍，如此所识记的内容就不容易被遗忘，就能够达到长久记忆的目的了。滚动的次数越多（即学习背诵的次数越多），时间越长，记忆保持得越久。

同时，艾宾浩斯还发现，"凡是理解了的知识，就能记得迅速、全面而牢固"，也就是说，理解是最好的背诵方法，"有意义材料比无意义材料更容易记忆"。因此，教师在要求学生背诵识记之前，应先要求他们能够完整准确理解课文，若不能则需要对所背诵内容进行讲解阐释。磨刀不误砍柴工，理解准确、方法正确才能事半功倍。

基于对背诵主体的充分认识，马老师以艾宾浩斯的记忆理论为指导，有针对性地制定了一系列计划方案，以提高学生早读背诵的有效性，提高方案的效度，提高学生在"名篇名句默写"这一板块的得分率。

（1）三遍滚动式背诵法

遗忘的规律是先快后慢，那就应该在识记的内容还有一定记忆保存量的时候滚动记忆，以此来实现长久记忆的目的。以《逍遥游》的背诵为例，周一背了，周三就趁热打铁滚动背诵一遍，然后时间间隔稍长一点，在下周三再滚动背诵一遍。三遍下来，学生基本上都能达到长久记忆和准确记忆的目的。

该方法在操作的过程中要注意两点，一是时间间隔的把握，在初次背诵和第一遍滚动背诵的时间间隔要短，因为记忆的早期遗忘速度非常快，若是间隔时间较长，记忆保存量就会非常低，形同于重新背诵，就达不到趁热打铁滚动背诵的效果。第一遍滚动和第二遍滚动的时间间隔要长一点，以此类推。二是"三遍滚动背诵法"并不是只限定"三遍"，应该时刻检测学生的背诵情况，并根据具体情况进行适当调整，四次五次甚至更多次也未尝不可。

（2）板块穿插式背诵法

高考要考查的古诗文背诵是64篇，分高中14篇，初中50篇（其中诗词34篇，初中散文16篇）。考分上则是高中4分，初中2分。背诵的难点就在于遗忘率惊人，易背但也易忘。如果一篇一篇地背诵，由于早读时间有限，64篇古诗文很难在一个学期背完，同时也会造成"背着后面忘了前面"的局面。如何克服这个问题？将"高中若干＋初中诗词若干＋初中散文若干"三大板块穿插式背诵不失为一个好办法。

在具体操作过程中仍然要注意三点：一是任务划分力求难度和背诵量

均等，如《逍遥游》背诵难度比较高，我们就搭配一些初中比较好背的诗词和散文，《氓》相对来说好背，我们就搭配一些初中相对较长的诗词和散文，力求背诵量和难度的均等，避免给学生的背诵压力忽高忽低。二是任务单元的划分可以因学情和时间而定。学情方面，较好的班级层次可以增加每日的背诵量，少划分一些任务单元，反之，学情困难的班级可以减少每日的背诵量，多划分一些任务单元。三是和前面所讲的"滚动式背诵法"结合起来，每日先花一定时间巩固前日背诵任务，接着再主攻今日的背诵任务，以此类推。

高考的背诵是个难点，马老师的这一方案和系列方法实施后，从学生的反馈和考试情况来看，效果良好。我们可以认识到，以科学理论为指导，以实践操作为实践，充分将二者结合起来，才能真正提高行动方案的有效性，才能充分彰显校本研修的意义和价值。

构建校本研修方案的多元论证评估体系不仅符合教育的认知规律，同时也能最大限度保障行动方案的合理科学。校本研修的"研修"二字本身就带有探索摸索之意，本身就是向未知领域的钻研前进，因此，评估论证的目的本就在"发现问题，并在原有的基础上对方案进行进一步的修正和完善"，以保障研修的过程少走弯路。有人说，教学就是一种缺憾的艺术，校本研修也同样是这样，因此，我们要建立多元的方案评估体系，鼓励创新，鼓励探索，鼓励求变。

第二节　过程性评估反馈

新课程标准进一步强调了对学生的过程性评估反馈，以改变过去唯结果甚至唯分数的教育评价弊端。同样，校本研修活动也要加强过程性评估反馈，以避免形式主义的唯结果论，切实保障研修活动的成果，让研修主体在研修过程中收获成长，实现专业发展。过程性评估反馈的"过程"是相对于"结果"而言的，具有明显的导向性，当然过程性评估反馈也不是只关注过程而不关注结果的评估，而是要对过程进行充分的审视和关注，同时也对结果进行充分的评估、接纳或内化。

一、多元化的评估主体

《基础教育课程改革纲要》明确提出，建立促进教师不断提高的评价体系，强调教师对自己教学行为的分析与反思，建立以教师自评为主，校长、教师、学生、家长共同参与的评价制度，使教师从多种渠道获得信息，不断提高教学水平。校本研修活动的过程性评估主体可以而且应该是多元的，它可以是教研组、备课组、教师个人等研修主体，也可以是同事、学校、专家、学生等研修相关人员。正如在观察事物、分析问题时，我们既要看到事物的内因，又要看到外因，坚持内外因相结合的观点。对内因，我们要给以充分的重视，肯定它对事物发展的决定性作用；对外因，我们要作辩证分析，既要肯定它对事物发展变化的重要作用，又不能反客为主，一味强调它的重要作用。

（一）教师的自我评估

教师作为校本研修活动的主体和学校教育实践的主要承担者，自然也应是过程性评估反馈的主体，是最有发言权的人。因此，我们应该把"话筒"交给教师，这也是成都冠城实验学校一直坚持的做法。在成都冠城实验学校，"把机会留给老师、把话筒递给老师"不仅仅是一种理念，更是一次次实际的行动。老师站上讲台分享自己的成长收获以及研修心得，对教师本人来说，这是一场心灵的自省和内化，是对研修收获的深化和物化；对其他教师来说，这是一次经验的分享和交流，是对研修经验的传递与共享；对学校来说，这是共同成长的平台和桥梁，更是对教师主体的尊重和激励。《让校本研修在教育现场中焕发活力——成都冠城实验学校高品质学校建设纪实》给我们呈现了这样一段经历：

> 课程管理中心规定，有公开课就有听评课（磨课），无论哪个老师参加，对本组成员来说，都是一次学习机会。学校坚持"有会就有交流"原则，想方设法把"话筒"交给教师，充分发挥会议的学术性作用。自2019年秋季学期，成都冠城实验学校教师在学部或学校层面（不含教研组层面）交流发言超过30次，或谈外出学习交流心得，实现一人学习全校受益；或谈自己的经验做法，实现一人成长全校成长；或谈自己的教育感悟和教育智慧，实现个人智慧和集体智慧的融合和转化。

在学校的倡导下，成都冠城实验学校教师的交流（包括对内对外）、科研、

校本研修——扎根教育现场的中小学教师实践智慧生成

公开课等研修活动如火如荼地开展起来,跃上了一个新台阶,实现了质与量的跨越,以成都冠城实验学校高中部数学老师韩雄的研修交流经验为例:

> 苏霍姆林斯基举过一个例子,一位教师讲了一堂非常精彩的课,有人问他准备了多久,他说一辈子。而在这次准备研修交流的过程中,我仔细研读了华东师范大学黄坪老师写的《高中数学题根课例》,对不同的课型有了理念性的更新;"中学数学核心概念、思想方法结构体系及其教学设计的理论与实践"课题组的成果,让我能对中学数学纲举目张。全国各地数学教师的研究成果,让我在惊叹老师们奇思妙想的同时,也暗暗反思自己学术研究能力之有限。所以我们应当捧起那些专业的书本,切莫"书到用时方恨少",磨课途中欲癫狂。
>
> 这次准备研究交流的过程中,我们考虑最多的一点就是教学理念。因为它贯穿教学的全过程,是教学设计的出发点和"目的地"。我们平时对新理念的思考,对新课标的理解和运用,都将在教学设计中得以体现。比如展示课《三角函数单元复习课》,教师课前引导学生从点、线、面对本章知识进行梳理,然后根据母题变式及题组训练整合知识点,从而来达到复习的要求。复习课核心目标为对学生数学思维能力的培养与情感、态度、价值观的升华,给学生一个更高的平台,一个更为开阔的视野。只有真正落实"以人为本"的原则,博古通今,学以致用,才能把数学复习课上"活",把数学学"活"。

教师的反思意识,总是能够伴随、激发和指引着教师的教育教学实践,正是这种主动的、积极的意识使得教师在独特、具体的教育情境中,表现出一种对教育机会的敏感与自觉。[①] 我们可以清晰地感受到,韩雄老师作为一线教师,也作为这次研修活动的主体,他的发言交流没有言无所指的官腔套话,也没有让人云里雾里的专业论述,语言质朴,层次清晰,用这样的方式向同事进行交流,大家显然就更容易接受,收获也较大。

(二)与研修主体相关者的评估反馈

研修活动评估的主体可以是研修主体,也可以是与研修主体相关的人员,如学生、学校领导、技术支持人员、后勤服务人员等。学生可以是教育活动的

---

① 胡萨. 反思:作为一种意识——关于教师反思的现象学理解[J]. 教育研究,2010(01):95-99.

重要参与者，也可以是研修活动的参与者，即研修主体。例如，成都冠城实验学校开设了大量的选修课程和研究性课程，这时的学生就成了研修活动的主体。虽然，在大量研修活动中，学生并不是参与者，但所有的研修活动最终都指向教育现场，都是为了解决教育现场的问题，而学生是教育现场最重要的参与者。教师的研修活动到底有没有成效，能否最终解决教育现场的问题，都来自学生真切直观的感受。美国人类学家玛格丽特·米德把人类文化划分为"前喻文化""并喻文化""后喻文化"三种基本类型。"后喻文化"又称"青年文化"，是指由年轻一代将知识文化传递给他们在世的前辈的现象，即原先处于被教化者的晚辈充当起教化者的角色。学生的精彩成就老师的精彩，学生的成长收获也就成了教师研修活动的重要衡量标准，以学生的视角来对研修活动进行评估反馈也是应有之为。成都冠城实验学校小学部教师贾月娇在回顾自己的教育认识时说道：

> 记得那年，我接了一个新班，班里有个孩子，作业总是做得特别慢，就像一只小蜗牛，趴在那里，一笔一画地写着字，写出来的字却又大又丑，他似乎从未给我交过完整的作业，他总是用怯怯的眼神看着我，咬着嘴唇，低着头，表现出无比歉疚的样子，我柔软的心就这样被打动了，我小心地维护着孩子的自尊，毫无倦怠地坚持鼓励，耐心辅导，拉着他的小手欢快地穿梭在教室和办公室之间，那以后，他的眼睛里总是亮亮的，他的嘴角总是上扬着，他也越发努力地趴在那里写字。毕业后的一个教师节，我收到了他的来信，他在信中说，他可以按时交作业了，他说，老师，谢谢您，是您曾给过我自信，给过我勇气！读信的时候，我不禁泪眼蒙胧。
>
> 那一刻，我释然了，原来花总要开的，或早或晚，拥有某个契机，孩子就可以展翅飞翔！我们要做的就是耐心地陪孩子，用心地爱孩子，让我们适时放慢脚步吧，所有的天使都在来的路上。

我们可以看到，贾老师的教育认识在其职业生涯不断推进的过程中悄然发生了变化，这种变化不是来自专家或领导的灌输，也不是来自闭门造车的终日空想，而来自实实在在的教育经历，来自与学生相处的点滴。通过这些，贾老师对教育的认识不断深化，最终形成自己的教育理念，完成了自己教育思想的理论升华。

（三）专家引领的评估反馈

当局者迷，旁观者清。研修活动过程的评估反馈还可以由相关领域的专家

学者组织开展。专家学者理论水平一般较高，看问题也往往更深刻，能起到"一语点醒梦中人"的作用。所以，教师在研修活动中接受他们的指点和评价，往往能获得更多收获。

2019年12月，成都冠城实验学校承办的四川省教育重大课题"高品质学校建设的探索与实践"研究推进会暨校本研修现场观摩活动如期举行，现场大咖云集、专家荟萃，他们对各个会场研修活动的点评入木三分，发人深思。

1. 主会场

在课题研究推进会上，大会特邀本课题指导专家、教育部长江学者特聘教授、华东师范大学教育学系李政涛教授作"高品质学校建设"专家指导报告。李教授高度评价课题组"有概念""有理念""有现场""有课堂""有研修"，并就现场研修进行了指导，特别介绍了教研活动九步法：专题实践课、专题报告、专题说课、组内评课、提问质疑、团队回应、专题评课、二度反思、教学重构。李教授对高品质教研提出"真""实""特""跨""我""长"六大标准，希望在"高品质学校建设"课题研究中，要先装"麻袋"，再精炼"口袋"，最后进"脑袋"，把校本研修真正打造为师生"共同照耀""相互超度""相互定义"的"精神气象"。

2. 小学语文分会场

四川省教科院小学语文教研员刘晓军老师作为本次分会场的专家，对成都冠城实验学校的校本研修进行了点评。刘老师高度赞扬了此次小学语文校本研修——文言文起步教学策略研究。刘老师认为此次研修站位很高，成都冠城实验学校独特的校本文化较好地传承了经典文化，传承中有创新，融入了新时代的文化特色，成都冠城实验学校的老师具有社会担当。刘老师还谈到此次研修立德树人，特色课程和高品质课堂使得经典文化成为立德铸魂的抓手。

3. 体育分会场

指导专家李梅老师点评了本次活动。她认为，本次体育研修活动与教学展示有以下亮点：

（1）教学教研活动形式新颖。校本研修聚焦问题，以问题为切入点开发评价量表，是一种非常专业的做法，是将教研引向深入的有效手段和措施。

（2）教师学历案使用效果好。学历案是一种专业工具，是一种前沿教育理念。教师不拘泥于学历案形式，创造性使用了学历案。

李老师在高度肯定本次体育研修活动的同时，也提出了中肯的意见和建议，让与会领导、老师们受益匪浅。

4. 政治分会场

四川省教科院初中道德与法治教研员欧阳芸老师在点评中充分肯定了本次活动，认为高品质的学校需要有高品质的课堂。同时，欧阳芸老师对高中政治组的校本研修给予了高度评价，认为成都冠城实验学校是在认认真真、踏踏实实做研究，整个过程真实有效。欧阳芸老师谈到，在这堂高品质的课中，她看到了政治学科核心素养的理念，科学精神、政治认同和公共参与核心素养渗透在教学设计中；她看到了成都冠城实验学校政治组对教育教学新理念的尝试，看到了合作学习、深度学习等新理念；看到了工具、课前导学案、非常恰当的时政素材等。欧阳芸老师的点评高屋建瓴、深入浅出，让每一位与会老师深受启发，受益匪浅。

闻道有先后，术业有专攻，专家学者往往在某个领域有专长，研究较深入，理论水平更高，而且能为我们分享最前沿的学术理论，他们对校本研修的精彩点评既能避免当局者迷的现象，又能提纲挈领，以更高的高度和更新的角度来审视教师的研修活动。在这样的点评中，教师结合自己的教学实际，往往能够学到更多的东西，从而获得理论和教学实际的双重收获。此外，研修读写这种跨越时空的"对话"一点都不比当面聆听收获来得少，以这种收获来审视或评估自己的研修活动或教学实际同样有效且高效。基于此，"读书热"已经在成都冠城实验学校蔚然成风，写读书笔记也成为成都冠城实验学校教师寒暑假的必修课。

二、嵌入式的评估过程

通过上面的论述，我们可以清楚地看到校本研修的评估反馈的重大意义，即可以使教师优化研修方式、规范研修过程、内化研修成果等，并通过这种评估反馈不断提高研修质量，从而形成优质研修与专业成长的互进循环模式。研修活动评估的主体可以是研修主体，也可以是领导、学生等相关人员，更可以是专家学者等第三方人员。在明确了这些内容后，我们还需要构建研修评估方式，切实保证研修效果。

（一）观察与研议：真理越辩越明

观课议课是最常规的校本研修方式，是常态化的教研活动。所谓观课议课，是参与者相互提供教学信息，共同收集和感受课堂信息，在充分拥有信息

的基础上，围绕共同关心的问题进行对话交流并扬长避短，以改进课堂教学效果、提升教学质量、促进教师专业能力提高的一种研修活动。教师作为研究者，首先收集信息，当对某条信息感兴趣时，该信息就成了数据，如果该数据为你所用，帮助你在研究中证明某种观点，则数据可能进一步演变为证据。[①]

在成都冠城实验学校，每学年都会开展形式多样的公开课，如名师示范课、转转课、老教师的展示课、青年教师的青赛课等，这些公开课都已经成为同组甚至跨学科组教师集体观课议课的重要平台和阵地，参与观课议课的老师在观察评议的过程中直抒己见，分享感悟，从而不断提高自己乃至备课组、教研组教师的教学水平。观察与研议作为教师常态化的研修方式，朴实而有效，教师对此都深有感触。成都冠城实验学校教师发展中心邱华兰主任在《教研组建设之观课评课》一文中分享了一些观课议课的方法，足资借鉴：

1. 选择教学案例

以教研组（备课组）为单位，在上课之前选择教学案例，教学案例确定观课、议课的主题，如教学目标、重难点教学形式、教学环节等。以高中语文必修三为例，其写作教学的重点是议论文教学。备课组首先要讨论明确议论文教学序列（论点—论据—论证过程—论证语言），确定每个组员的研究主题，就集中议论文写作教学开展观课议课活动。

2. 课前沟通

观课者要了解授课教师的研究主题，在课前达成充分理解和信任，并形成共同的观课议课主题，引导观课方向，促进议课深入发展。例如，我们把第一次观课任务确定为"指导学生如何立意，确定论点"，上课前，备课组要集中开会讨论，就教学重难点、教学环节及教学手法等方面进行沟通，达成共识。

3. 研究教学，熟悉学情

明确了观课议题主题后，授课教师和观课教师都要深入研究教材、课标、教法、学法，加强理论学习。观课教师在观课的过程中需要思考"假如我来执教，我该怎么处理？"这样做，一方面是让观课教师在观课中真正有收获，有改变，使观察和研究一节课的过程成为自己学习这节课，准备这节课的过程。这样一来，观课者就不是旁观者，而是置身其中。另一方面也使观课教师议课时能够站到一定的理论高度，避免低水平重复

---

① 〔美〕玛丽·路易丝·霍莉，乔安妮·M·阿哈尔，温迪·C·卡斯滕. 教师行动研究 第3版[M]. 祝莉丽，张玲，李巧兰译. 北京：中国人民大学出版社，2019：99.

研究。

4. 设计"听课观察表"

为了更好地帮助观课教师了解授课教师的意图，可以设计观课议课记录表，便于观课教师围绕主题记录课堂中的相关信息，提高观课的针对性，获得对所研究问题的全面观察。

观课议课记录表

学校		年级		学科	
教材版本		执教教师		教学内容	
教学时间		年　月　日　星期　第　节			
授课与观课教师重点关注环节（教学案例描述）：						
我对这节课的主要观点：						
议课焦点：						
议课摘要：						

5. 课后议课

议课前组织者一定要提醒老师认真填写观课议课记录表，防止议课时偏离主题。首先，授课教师介绍本次课的教研主题、教学设计、教后感想，明确议课重点；其次，参与者强化课例研究意识，围绕主题就课堂教学中的亮点和不足点展开深度研究。

6. 自我调适，积极改进

通过观课议课，授课教师和观课教师对这个教学案例上的认识应该有所提升，下一次主题研究应该有所延续，有所改变，使研究有所深入。如果让主题研究与教育科研课题相结合，教师的教学实践和教育科研能力都会有比较大的提升。

观课议课是一种工具，它可以改进课堂、促进教师专业发展；观课议课是一种文化，它可以改进教师的教学心态，改善教师生活；观课议课是一种常态化研修方式，有效的观课议课能极大提升教师的业务能力。

（二）写作与反思：以内省促内生

写作能表现每个人的内心深处。"知识对于主体的价值只有在知识活动中体现出来，如果知识要对学习者产生意义，那么只有能动地'参与'，并生成具有个人意义的知识。"[①] 写作是对个人综合能力的考察，是个人思维的沉淀与物化，是个人思维能力、语言表达能力、材料取舍和整合能力甚至是创新能力的综合，是极富创造性的综合性活动。教育写作的实质是对研修活动的内省与反思，这种内省与反思能激发个人的内生力，从而获得源源不断的成长动力。毛道生校长曾论述道：

> 教师专业发展关键在于自主发展，学校教师队伍建设要由"培训"走向"培养"，由"培养"走向"培育"，必须在激发教师专业发展的内生力上下功夫。教师专业发展的内生力，既包含了内动力，也包含内省力。扎根教育现场的研究，具有情境性、即时性、实践性、理念性等特点，有助于引导教师进行自我反思。

教师的自我反思（即教育反思）形式很多，如比较反思、优化反思、扬长反思、创新反思、升华反思等。教育反思的主题来源于问题和经验。对于教师而言，问题不是灾难，而是机会甚至资源。教师从问题入手，寻找改进教育和提升自我的动力与方向。积累和总结经验不是科研，把经验理论化、普遍化和自觉化才是科研。

成都七中语文教研组长黄明勇老师带领教研组教师不断总结学生语文学科素养提升的有效途径，开发了原创格律诗比赛、原创散文诗比赛、课前5分钟演讲、课前时事播报等学科活动，成立了朝花文学社、国学社等学生社团。在此基础上，成都七中语文校本选修课程的"三系"格局，即传统文化经典阅读系（墨池国学讲堂）、创新作文写作系（"真生活、新思维"写作高级研修班）、本地文化系（蜀文化研修班）形成了。

当然，文无第一，武无第二。写作与反思在形式上可以丰富多样，既可以是教育随笔、停课札记，也可以是阅读感悟、学术论文等。在内容上，写作与反思要立足于教育现场，做到有感而发，而不是无病呻吟；在篇幅上，写作与反思的篇幅可长可短，只要内容真实有效即可。

[①] 汪丽梅. 课程改革背景下教学方法改革的知识观分析［J］. 教育研究与实验，2015（05）：33—36.

（三）知行合一：实践是检验真理的唯一标准

校本研修有没有立足教育现场，有没有解决教育现场的问题，这些都需要通过实践来检验。近几年，成都冠城实验学校大力推动生长课堂建设，围绕生长课堂如何开展，学校很多老师都提出了自己的意见，对此，初中部数学教师陆勇志总结道：

> 我们每学期都会根据教学的任务及对象，确立每个备课组的研究主题，如，2019~2020学年上期，我们确立了如下研究主题：初中一年级备课组的研究主题为"基于'运算能力提升'的生长课堂教学研究"；初中二年级各课组的研究主题为"'数学建模思想形成'的生长课堂教学研究"；初中三年级备课组的研究主题为"基于'逻辑推理应用'的生长课堂教学研究"。我们在每周一下午、周三上午这两个时间段有固定的教学研究时间，教学研究以备课组"转转课"的形式进行，聚焦课堂、注重实效。此外，备课组还会选出优秀教师，代表备课组参加大组说课比赛，优胜者将代表学校参加校教学研究活动。
>
> 我们学校初中部从2015年开始全面推行生长课堂建设，创立了生长课堂1.0版，并于当年、次年成功举办了全国第一届和第二届生长课堂研讨会。经过4年的实践探究，我们聚焦学科核心素养，现在生长课堂已提升至2.0版。我们初中语、数、外、政、史、地、生等学科备课组每学期均会编写生长课堂导学案，课堂教学亦按生长课堂的要求进行。此外，我校不仅多次成功承办区上教学研讨会，我校教师还曾多次在国家级、市级教学技能大赛上斩获荣誉。

正如前文所述，探索本身就是"校本研修"的题中之义，其评估反馈的方式自然也应该是多元的，如访谈、调查、观察、评议、写作、以结果观照过程，等等。建立多元的评估反馈体系本身就是校本研修活动的重要课题。

第三节　研修的持续深入

卡希尔曾说，有机生命只是就其在时间中逐渐形成而言才存在着。它不是一个物而是一个过程——一个永不停歇的持续的事件之流。在这个事件之流

中，从没有任何东西能以完全同一的形态重新发生。[①] 持续性研修指不断地探求事物的真相、性质、策略、规律等；深入研修指不满足表面现象，不停留于已有的探究结果，不断地探究、反思、总结，找到事物或问题的本质。

一、研修动力的持续性

校本研修的持续深入，主要针对学科知识与教学技能、教师成长与专业发展、教学管理与学校发展、班级管理与学生发展等内容。持续深入的校本研修要求教师不断反思、总结，充分发挥个体创造力和教师群体合作力，强化备课组内的学习氛围，不断促进组内成员的互动学习与实践，使教师个体价值与备课组群体绩效最大化，从而促进学校、教师、学生的发展。

校本研修是基于学校和教师可持续发展的需要，在学校明晰的办学理念的影响下形成的。作为一种持续性研究，校本研修具有动态性，它不可能只有一种固定的、程序化的模式，而是可以根据学校的实际情况与要求，不断地发展、变化与改进。校本研修是学校教育工作的一项重点内容，校长是校本研修工作的第一责任人。因此，校长要带头参与校本研修活动。校长要把校本研修工作放在心上，落实到行动中，进一步加大对教师的支持力度，把思想认识体现到日常工作中，以身作则，带领全校教师参与校本研修，促进学校校本研修工作的全面发展。

毛道生校长不仅要处理繁杂的行政事务，还身体力行，带头参与校本研修活动。他不仅阅读了大量教育典籍，深入课堂观课、评课、议课，还撰写读书笔记、教育随笔、听课札记等近800篇，发表《让校本教研在教育现场中焕发活力》《植根于教育现场并提升课程领导力》《生命视野下的高品质课堂追问》《浅谈核心素养的"考"与"教"》《"做最懂你的教育"：提升教师生命理解力的学校实践》等教育论文数十篇。

学校要妥善处理好校本研修与学校管理、教学常规、教师成长的关系，认真落实各项制度，加强组织管理，坚持开展各种常态活动，保证人人参与、人人受益。学校领导尤其是分管教学的副校长、教务主任或课程教学中心主任等要定期深入教研组、备课组，开展调查研究，提供业务指导，使校本研修更加科学、规范、有序地进行。学校负责教育科研、教师发展的处室或部门要引领广大教师写好教育随笔、教学案例或个人经验反思，学校要及时总结校本研修

---

① 〔德〕卡希尔. 人论 人类文化哲学导引［M］. 甘阳译. 上海：上海译文出版社，2013：84.

的工作进度与阶段性成果,将优秀的教学设计、教学反思和教学实录等整理成册,及时推广先进的校本研修经验。

在2020~2021学年上期放假前夕,成都冠城实验学校向全体教师布置了一个假期作业(从下列三个任务中选做其中一个):

(1)完成一篇读书心得,推荐阅读《给老师和家长的建议——陶行知教育小故事》(学校为教师所购书籍)或从"中国教育报2020年度教师喜爱的100本书"中挑选喜欢的书籍阅读;(2)结合教育教学工作撰写一篇教育论文或教学案例,要求体现你对扎根教育现场的校本研修的认识;(3)以"我为学生画张像"为主题写一篇文章,体现你对新时代教师育人理念的理解。

我们从这份作业可以看出,学校对校本研修工作的重视和强化,对教师校本研修意识的呼唤和引领,监督和促进教师进行常态化学习、阅读和反思。毛道生校长在某学期期末作了题为"第二次腾飞的力量来自每一位七实人"的讲话,他说:"教师天然是实践型研究者,在研究中教学,在研究中成长!输出即输入,(教师)在教育写作过程中要'强迫'自己不断输入,把通过学习、阅读、反思所获得的知识内化为自己的教育信仰和行为准则,把自己收集、整理和积累的经验沉淀为自己的教育智慧,从而让自己的教育行为更加自觉、更加理性、更加智慧。"

二、研修活动的持续性

校本研修活动必须有明确的主题,这是成都冠城实验学校开展以课题研究为载体的校本研修活动以来,总结出的一条基本的工作经验。学校要组建学习、研究团队,培养学习与研究的核心力量,形成"在读书中成长、在研究中提升"的学校文化。学校要打造全校性教研传统活动,每年定期开展全校性或年级性的教育研讨会、教学竞赛等活动,打造学校校本研修品牌,鼓励广大教师以教育研讨会为载体,以教学竞赛为平台,进一步提高自己的教育教学能力。学校各年级组、各教研组、各备课组要充分吸取其他年级、其他学科校本研修活动的典型经验,做到有所借鉴,有所突破,有所发展,为建立具有学科特色或教研组特色的校本研修模式奠定坚实基础。

成都冠城实验学校于每年3~4月开展青年教师教学大赛,11~12月开展教育研讨会和体育文化艺术节,表3.1展示了活动细节。学校要求35岁以下

教师必须参加青年教师教学大赛，参赛教师在课前要编写教学简案，课后要认真总结并撰写教学反思。各教研组或备课组要认真组织参赛教师的先行课，全校教师也要按规定完成一定数量的听课、评课任务。教育研讨会每年有明确的主题，如特邀专家的专题报告、教师教育论文的评奖与结集、骨干教师的研究课例展示、同行或学者的互动点评等，旨在给教师提供全方位的、实实在在的研修指引。

表 3.1　成都冠城实验学校"公开课"体系一览表

名称	上课对象	上课时间	研究内容	参加人员	组织部门
转转课	全校教师	9~12 月和 3~6 月	备课组确定的主题教研	教研组或备课组	课程教学中心（学部教务处）
入格课	新入职教师	9 月或 3 月	新进教师站稳讲台	教研组或备课组	课程教学中心
风采课或特色课	教研组长	10 月	构建高品质课堂	全校教师	课程教学中心
示范课	骨干教师	11 月	如何打磨一堂好课？	全校教师	课程教学中心、教师发展中心
挂牌课或亮相课	校评名师	5~6 月	提升学生核心素养	全校教师	课程教学中心、教师发展中心
青赛课	青年教师（35 岁以下）	3~5 月	突出学科特色	全校教师	课程教学中心、教师发展中心

近两年来，成都冠城实验学校先后承办了几次市级以上的大型教育活动。为推动四川省重大课题"高品质学校建设的探索与实践"的深入研究与成果转化运用，促进学校提高教育教学质量，实现高品质发展。2019 年 12 月 20 日，四川省教育科学研究院与成都冠城实验学校联合承办了四川省重大课题"高品质学校建设的探索与实践"研究推进会暨校本研修现场观摩活动。2020 年 10 月 15 日，成都市教育科学研究院与成都冠城实验学校联合举办了成都市小学语文统编教材应用提升培训会，旨在切实帮助广大一线教师更深层次地理解、使用好新教材，指导深度教研与常态化教学。2020 年 11 月 27 日，为深入贯彻习近平总书记在全国教育大会上讲话精神，落实立德树人根本任务，大力推进"学陶""研陶""师陶"教育实践，成都市陶行知研究会与成都冠城实验学校联合举行成陶第四届学术年会。上述这些活动的成功举办，深入推动了成都冠城实验学校校本研修活动的扎实开展，活动也取得了显著的实际效果，受到社会各界的一致好评。

第四章 组织与保障：多维立体的保障机制

孙绵涛指出，保障机制的原意是指保证机器各部分之间能够正常运作的有效作用方式和运行关系。[①] 引申到教育管理领域，保障机制是教育功能机制中的一种，是指用保障的手段发挥保障的功能，将各方面的教育统整起来使保障机制发挥作用。黄崴则认为保障机制是教育资源管理的一部分，保障机制实质上是保障教育组织内外资源合理配置和使用的过程，主要对象为教育组织中的人力、财力、物力、时间、设备等。[②] 吴志宏等将保障机制划分到教育实务管理范畴，认为保障机制是教学过程管理中的教学质量管理一部分，保障机制是为保障教育教学质量而采取的具体措施，主要研究对象为教师教学质量的保障、学生学习质量的保障以及全员教学质量的保障。[③] 我们将上述专家对保障机制的论述加以引申，总结出了扎根教育现场的校本研修保障机制的基本概念：根据学校发展的需要，由学校发起和规划，以教师专业发展为根本目的，以学校教育教学过程中出现的实际问题为主要内容，在充分利用校内外各种资源的基础上形成的改善教育教学的有效措施。

扎根教育现场的校本研修保障机制是保障校本研修有序、高效进行的重要手段。因此，构建多维立体的保障机制，可以优化校本研修，助力教师专业发展，让校本研修更加规范化、系统化和常态化。

第一节 校本研修的组织协作

扎根教育现场的校本研修，其组织者和受益者均是学校，因此，学校需要通过制定合理的研修制度、打造适宜的研修场所、建设优秀的研修团队和呈现

[①] 孙绵涛. 教育管理学 [M]. 北京：人民教育出版社，2006：287.
[②] 黄崴. 教育管理学 概念与原理 [M]. 广州：广东高等教育出版社，2002：90—91.
[③] 吴志宏，冯大鸣，周嘉方. 新编教育管理学 [M]. 上海：华东师范大学出版社，2000：268—269.

丰富的研修方式等措施来保障和支撑校本研修，以达到良好的组织协作效果。

一、制订合理的研修制度

制度是一切管理和活动的保障。为确保校本研修扎实有效地开展，学校应切实加强校本研修的组织和管理，以求最大化地促进教师的专业化发展。为此，学校可以问计于教师、问需于学生，制定符合学校实情的校本研修制度。

（一）目标导向　任务驱动

"如果没有目标，不管你走多远，都是流浪。如果有了目标，不管多远，你终归能够到达。"这句话形象地表述了目标的重要性。学校作为一个学习型组织，最重要的任务是为全体师生树立起一个共同的目标，引领师生朝着目标一起努力，不断激发每个人的内在潜能，促进发展。校本研修作为促进教师专业发展的有效方式，需要树立一个共同目标，动员包括校长在内的全体教师进一步深化对校本研修的认识。比如，成都冠城实验学校以"切实提高教学质量，提升课程建设能力，促进教师专业发展"为校本研修的重点目标，使全体教师"心中有目标，行动有方向"。学校教师在一次次的校本研修中，不断实践与总结，不断探索与提高，逐渐形成了以目标为导向的校本研修保障制度。

对于中小学校在校本研修中的任务，教育部《关于大力推行中小学教师培训学分管理的指导意见》明确要求：中小学校要制订校本研修规划，有针对性地设计校本研修项目、开发校本研修课程，着力解决教师日常教育教学问题，促进教师自主发展。以此要求为指导，成都冠城实验学校把"深入研究学校在教育教学中遇到的实际问题，逐步形成开放、民主、有效的研修机制"作为校本研修工作的主要任务，鼓励教师开展以自主探索和互动协作为基本方式的校本研修。

在校本研修中，每一位老师都应该知晓学校校本研修的目标和任务。这样，他们在平时的教育教学、个人学习或集体教研时，便会有意识地根据校本研修的目标完成研修任务，这是进行校本研修的基础保障。

（二）明确分工　落实责任

在制定校本研修制度时，明确学校领导、教师的个人职责，有助于保障校本研修的有序开展。

1. 校长

教育部印发的《义务教育学校校长专业标准》指出：校长是教师专业发展的第一责任人，将学校作为教师实现专业发展的主阵地；建立健全教师专业发展的制度，推行校本教研，完善教研训一体的机制，落实每位教师五年一周期不少于360学时的培训要求。

成都冠城实验学校毛道生校长非常重视并扎实推进校本研修工作。在准备阶段，毛校长积极做好校本研修的宣传动员，让老师们进一步明确了校本研修的意义和作用，提高思想认识。在实施阶段，毛校长致力于建立一种集实践与研究性为一体的文化理念，这种文化理念尊重教师的专业自主，鼓励创生性的实践变革，倡导研究性教育实践样态，以此促进教师珍惜学习提升的机会，发自内心地喜欢校本研修。毛校长还努力寻求一些专业研究人员的支持和帮助，如邀请华东师大李政涛教授、四川师大李松林教授与张伟教授等到校指导，他们的专业引领，为成都冠城实验学校校本研修的合理实施提供了智慧保障。同时，毛校长还以身作则，动员全校教师看书、学习、写文章；听课、评课，写感受……与教师一起合作探究新的教学机制和教学模式，以此激励他们开展教学研究，参与校本研修。

校长把准学校教育教学发展的方向之舵，当好教师专业发展与进步的向导，激发和激活教师的学习动机和研修活力，总体策划、全面组织、全权保障校本研修的有效进行。

2. 教导主任

教导主任是校本研修的纽带，是指导教研组、备课组开展校本研修活动的关键人物。

以成都冠城实验学校的校本研修为例，由各学部教导主任牵头，教研组长、备课组长分级组织教师进行教育理论、教学研讨专题学习。就2020～2021学年度上学期来看，学校组织全校性教师培训10多次，各教研组、备课组组织业务学习20余次。定期组织教师进行专题学习，充分体现学校对校本研修的重视，也是教导主任认真履行职责的体现。

3. 教研组长

在大家看来，教研组长的任务就是组织教研活动，按照学校要求撰写教学计划和总结，向各位教师传达上级单位的指示。然而，在基于教育现场的校本研修中，教研组长也发挥着重要的作用，负责组织教研组教师参加教学研究与教育科研，提高教师的思想、业务水平与教学、科研能力，建立良好的教师团体，培养优良教风，提高教学质量。

例如，在扎根教育现场的校本研修中，成都冠城实验学校教研组长的基本职责包括，积极开展教研活动，组织申报科研课题，指导课题实验；有计划、有目的地组织示范课、研究课和展示课教学，督促教师听课、评课、总结交流。各教研组长严格按照上述要求开展工作，在保证教育教学质量的同时，也强化教师能力。正是明确了教研组长职责，组长才能全力带领组内教师进行系统化地学习和研讨，成都冠城实验学校的校本研修才能取得可喜的成绩。仅以成都冠城实验学校小学部近半年的课题申报和结题情况为例，小学部信息组申报的温江区"十三五"科研课题《小学信息技术课题自主学习探究》于2020年9月成功结题；小学部语文组的青年教师专项课题《小学生传承经典文化的校本化实施策略研究》于2020年11月9日参加区级课题阶段性考核并上交评审资料；一般课题《促进小学生语文自主学习的学历案设计与施行研究》于2020年11月12日参加在温江区研培中心组织的阶段性考核，进行了现场汇报及答辩。2020年12月29日，小学部语文组申报的两个课题成功上交了结题资料，进入通讯结题待审阶段。文霞老师负责的温江区一般课题《传统工艺进校园课程化的研究策略——以小学扎染为例》、刘群琳老师负责的温江区青年教师专项课题《小学美术课堂观察工具开发与实践研究》于2020年12月24日成功立项。

课题是教师科研水平的重要体现，在教研组长的专业化指导下，教师申报课题和结题的效率得到了提高。

4. 教师

李政涛在《教育常识》一书中谈道："学习是为了丰厚教师的积累。如果说年轻时比的是聪明，而之后比的就是积累，一个教师积累的厚度和深度，决定了他职业生涯的长度。""学习"是现代人的基本素养，是学校场域中不断生长的精神文化，教师作为校本研修的主体，主要职责就是不断学习新知识与新技能，不断吸收新的教学观念和教育思想，以解决教育教学工作中出现的问题。

成都冠城实验学校小学部语文老师李娟从事小学语文教学工作二十余年，她经历了语文教材的三次改编，从人教版到北师大版，再从北师大版到如今的部编版，自己在语文教学中的不断摸索反思以及校内外的听课学习，她积累了一些教学经验，但仍觉得语文越来越难教。抱着学习是解决问题的最好方式的心态，她认真研读了《于永正：我怎样教语文》一书。她在读书笔记中写道：

"教语文，其实很简单。"当我读到于老师的这句话时，内心十分激动，我意识到，一直困惑着我的问题马上就能得到解决，我迫不及待地继续翻阅。作为小学语文教师，我们首先应该明白小学语文要教些什么。于老师在书中写道："实践使我知道了教语文其实并不那么复杂，就是教学生扎扎实实地识字、写字、读书、作文。"那么，怎样才能教好语文呢？"教学生写字，老师要是喜欢写字，对书法略知一二；教学生读书，老师要是喜欢读书，会读书，能读出课文奥妙之所在；教学生作文，老师要是能写点文章，知道一点写作知识，那么，教语文就更不难。"原来，答案很简单，要想教好语文，首先得让自己有一些本事……

我们从李老师的叙述中可以看出，她通过阅读获取知识，提升自我研修的能力。可见，教师的职责不仅是给学生传道授业解惑，在校本研修中，教师也需要担负起学习新知识的责任。学习不仅能丰富教师内心，提升教师的研修水平，也能帮助教师带领孩子走进那个充满知识，充满乐趣的世界。教师要各司其职，各尽其能，使校本研修的人力保障机制均衡地发挥作用。

（三）建立机制　促进成长

研修机制是校本研修活动持续有效开展的重要保障。许多教育改革都未能改变现状，不是因为改革无效，而是因为没有一种结构使其持续发挥作用。[①]学校应建立检查、评价、激励等机制，有计划地培养优秀教师，为教师成长提供各种条件。

首先，学校应建立相应的检查机制，督促教师按规定完成具体的研修任务。比如，学校可要求各教研组每周或每两周定期组织教研活动，坚持人人参与，做好相关的记录，由教导处定期检查。

以成都冠城实验学校小学部语文教研组的教研活动安排（见表4.1）为例，语文教研组原则上每两周安排一次教研活动，并根据总的教学要求，初步确定研讨内容，以保障研修活动的有序进行。下表还标明了教研活动的时间和地点。

表4.1　小学部语文教研组的教研活动安排

周次	内容安排	活动地点
2	各备课组进行教材分析	各年级办公室
4	教研组计划安排布置	阶梯教室
6	三年级语文备课组主题汇报	阶梯教室

---

① 〔美〕玛丽·路易丝·霍莉，乔安妮·M·阿哈尔，温迪·C·卡斯滕. 教师行动研究 第3版[M]. 祝莉丽，张玲，李巧兰译. 北京：中国人民大学出版社，2014：9.

续表

周次	内容安排	活动地点
8	共读一本书交流会	阶梯教室
10	4—6年级区级教研课磨课	阶梯教室
12	四五年级调研考试研讨	二楼会议室
14	半期质量分析	阶梯教室
16	二、四、六年级语文备课组主题汇报	阶梯教室
18	一、五年级语文备课组汇报	阶梯教室
20	转转课总结及期末安排	阶梯教室
备注	没有特殊情况，活动时间均为间周二下午2~3点	

此外，成都冠城实验学校还有专门的教研组工作记录本，记录教研活动的具体情况，以小学部数学教研组的一次教研活动记录为例（见表4.2）。

表4.2 成都冠城实验学校教研活动记录表

教研日期：2020年9月27日	
记录人：×××	组长签字：×××、×××、×××
参加人员姓名：	
活动主题：数学文化视域下数学核心素养养成实践研究	
活动记录： ①当前数学教学中存在两个问题：一是知识的把握传授浮于表面，导致学术性缺失；二是教学的方式与方法形式化，使教学结果的评估与检测偏离本质。 ②国家教育的大方向是用文化浸润的方式提升学生素养。 ③从数文化到数学核心素养。数学文化最基本的价值在于提高数学素养，数学素养是数学教育留在孩子大脑深处的烙印，是数学文化潜移默化留给孩子的教学基因代码。 ④什么是一堂好的小学数学课：（1）把握数学本质的教学；（2）启发学生思考的教学；（3）培养核心素养的教学。 ⑤这一年，我们要做什么：（1）教会学生用数学的方式去思考；（2）促进教师专业化成长。	
说明：各教研组每周进行一次教研活动，结合《新课标》和教研主题、教学中出现的实际问题，仔细分析学情，制定教学措施，进行组内教研。请教研组长认真记录教研活动情况，每月底交教导处检查。	

从上表中可以看出，成都冠城实验学校的教研组工作记录本不但将活动时间、参加人员、活动主题等清楚记录在册，教研活动的内容也记录得很清楚。教导处通过此记录本，既可以了解各教研组的校本研修情况，又可以做到随时

监督，避免研修流于形式。

其次，学校应建立研修的评价机制，采用定期与随机相结合的方式，评价教师的研修情况，帮助教师养成良好的研修习惯。比如，学校可要求相关教师准时参加校本研修培训活动并认真做好培训记录或写下培训心得。

例如，成都冠城实验学校在组织暑期校本研修培训活动时，对参培教师提出了如下要求：

①参加培训的教师根据内容安排，按时参加培训；

②参加培训的教师在培训过程中做好培训笔记。"培训记录"将作为校本培训学时登记的依据；

③参加培训的教师需遵守培训纪律，不得迟到和缺席。新进教师培训由教师发展中心考核，骨干教师培训由人事行政中心考核，全员教师培训由课程教学中心考核，德育专项培训由学生发展中心考核。

④教师培训结束后，写一篇600字以上培训心得，提交教师发展中心。

在组织校本研修活动时，学校提出具体的要求，教师按规定执行，这样既可以提高校本研修的广度，又可以督促老师认真做培训笔记，写培训心得，在写写记记的过程中加深对培训内容的理解。

最后，学校应建立相应的激励机制，把校本研修与考评制度、晋升职级、绩效奖励等挂钩，从制度上保证并要求教师积极参加校本研修活动，提高教师参与校本研修活动的积极性。

（四）规范教研　形成氛围

校本研修作为促进教师专业成长的新途径，学校在开展校本研修时，需要形成和谐的研修氛围，引领教师自觉遵循相关要求，主动开展校本研修活动。成都冠城实验学校英语组教师刘会在教学反思中有如下阐述：

良好的科研氛围是实现科研兴校目标的前提，在剔除文人相轻痼疾的基础上，形成彼此尊重、信息共享、和谐竞争的良好氛围，使一切争议止步于学术见解层面，不向道德及思想层面上升，使大家做到想说、敢说并且能说。

苏霍姆林斯基说："如果你想让教师的劳动能够给教师带来乐趣，使天天上课不至于变成一种单调乏味的义务，那你就应当引导每一位教师走上从事研究这条幸福的道路。"学校应规范教研制度，形成良好的研修氛围，以保障校

本研修持续发力。

1. 集体备课

在以往的日常教学过程中，教师大多是自己备课，受个人经验和能力的影响，课的质量很难保证。随着集体备课的兴起教师以备课组为单位共同商讨，确定教学目标和重难点，研究突破教学重难点的策略和师生互动的方法等。集体备课，可有效避免个人的单打独斗和闭门造车，充分实现教学资源共享。

以成都冠城实验学校小学部语文教研组集体备课安排表为例（见表 4.3），每个备课组固定了时间和地点，各教师按规定时间到指定地点进行集体备课，集体备课更加规范化。

表 4.3　成都冠城实验学校小学部语文教研组集体备课安排表

年级	时间	地点
一年级	周二下午第一节	低段二楼一年级语文办公室
二年级	周二下午第一节	低段三楼二年级语文办公室
三年级	周二下午第一节	中段三年级语文办公室
四年级	周二下午第一节	中段四年级语文办公室
五年级	周二下午第一节	高段四楼五年级语文办公室
六年级	周二下午第一节	高段四楼六年级语文办公室

成都冠城实验学校高中部政治教研组郑颖老师在教学反思中写道：

在集体备课中，我们通过"三定四备三统一"使我们的校本研修制度化。"三定"即定时间地点、定研究主题、定中心发言人。我们固定于每周五上午8：30～11：30在集体备课室开展集体备课，这也是我们学校的制度要求。每学期开学的第一次集体备课，我们需要讨论确定本学期集体备课的计划，落实研究的主题，并确定一个中心发言人。研究主题可能是教材重难点突破方法，也可能是课堂教学中存在的问题，同时我们会根据教学中出现的各种问题及时调整我们的集体备课计划。"四备"即备课标、备学生、备教材、备方法。"三统一"即统一进度、统一作业、统一考试（包括周考和月考）。我们的集体备课的功能不是设计教案，也不是简单的课堂教学设计，而是通过集体备课去解决教学实践中出现的问题。我们虽然通过"三定四备三统一"将集体备课制度化，但最终指向是"同中求异"。

教师通过集体备课，每周按时研讨教学中出现的问题的有效解决方式。长此以往，教师也就养成了良好的习惯，良好的研修氛围。

2. 专题研讨

为提高教师研究水平和科研意识，有效促进实践与研修的有机融合，学校应开展专题化的教学研讨。扎根教育现场的校本研修课题开展以来，成都冠城实验学校各学科教研组积极确立研修主题，围绕特定的教育教学主题，将实践与研修相结合，进行专题研修和课例研究，初步实现了"实践的研修化"和"研修的实践化"，掌握了在实践中探索校本研修的策略和方法。各学科组的校本研修主题和研究课内容见表 4.4。

表 4.4　各学科组的研修主题和研究课内容一览表

学科组	研修主题	研究课内容
语文组	用精准问题促进学生深度思维	研究课：刘群琳《笔的世界》 课后反思：陈瑶
	语文阅读教学	研究课：扈明聪《奥斯维辛没有什么新闻》 何柳蓉《昆明的雨》
	初探文言文	研讨课：洪俊《司马光》 课后反思：刘静、李艳艳、胡丽君、李洪、李蔚
	学历案评价任务探究	研究课：廖琦《维也纳的音乐钟》 课后反思：王白雪 李柯 蒲泓宇
数学组	学生合学任务设计有效研究	课前陈述：汤萌 研讨课：杨晓凤《什么是周长》 课后反思：王艳
	数学建模课堂教学实践探索	研究课：刘静莹《方程思想在生活的应用》 文晓琴《函数思想在生活中的应用》
英语组	单元主题意义下的语篇教学	舒萍《It could find the people》
	探索师生互动对话策略	研究课：王欢《Green Planet Kids》 杨月圆《初一二单元阅读课》
理科综合组	课程资源利用与开发	研究课：李诗芫《Python—for 循环应用》
	实验课程的学生主体作用	研究课：杨泠聆《ATP 的主要来源—细胞呼吸》
	实验课程的学生主体作用	研究课：郑晓宇《二氧化碳制取的研究》 尚盈莹《元素化合物》
	高考针对性教学策略	研究课：杨小苹《磁场对电流的作用》 指　导：宋怀彬《高三物理复习建议》

87

续表

学科组	研修主题	研究课内容
文科综合组	课程理解与创新	研究课：张莉萍《常见的天气系统》
	课程资源利用与开发	研究课：刘涵《面对经济全球化》
	课程育人模式课堂教学有效性	研究课：周尹龙《神权下的自我》 赵溪彤《不同角度下的改革开放》
艺体组	体育小组合作学习	课前陈述：罗军 研讨课：袁节《篮球——传球》 课后反思：刘邦键　毕佳
	美育创意生活	研究课：杨伟《美化生活的装饰布》
科学组	大单元设计与实践	研讨课：苟曰倩《制作表格》 葛翌《奇妙的文本框》 课后反思：詹潮波

从上表可以看出，各学科组根据各自的学科特色确定校本研修主题，在校本研修主题下进行课例展示，组内老师积极参与，或是做课前陈述，或做课后反思。这种专题化的研修方式可以有效帮助教师构建符合教学实情的理论框架，使研讨课不再只是流于表面，而是朝着更有深度的方向发展。

在学校校本研修活动的带动下，各教研组在平时的教学中也加强了专题研讨活动的开展，以成都冠城实验学校小学部语文教研组为例（见表4.5）。

表4.5　成都冠城实验学校小学部语文教研组专题研讨活动

教研组	专题	主讲人
一年级	重视口语交际，培养交际能力	黄先凤
二年级	运用联系策略，了解词句意思	黄华丽
三年级	大单元设计探索	赵莹
四年级	四年级上册"提问"策略单元的教学探索	李洪
五年级	创造性复述能力培养策略	王雪
六年级	玩转语文课本，善读会用巧设计	严金艳

从上表可以看出，成都冠城实验学校小学部语文各教研组根据各学段的教学重点和难点，进行了相关专题的研讨，以二年级语文组《运用联系策略，了解词句意思》的专题研讨为例：

首先，教研组从《新课标》中找到了研讨的依据：阅读教学应注重培养学生感受、理解、欣赏和评价的能力。这种综合能力的培养，各学段可以有所侧重，但不应把它们机械地割裂开来。第一学段应侧重对文章内容的初步感知和文中重点词句的理解、积累。具体落实到"阅读"教学中，应让学生结合上下文和生活实际理解课文中词句，在阅读中积累语言。

然后，教研组探讨了二年级上册第四单元的训练点——"联系上下文和生活经验，了解词句的意思"。这是对一年级下册"联系上下文，了解词语的意思"这一训练点的巩固和提升。教师应鼓励学生大胆地运用这种方法，遇到不懂的词句，先借助上下文和生活经验推测课文大意，再查字典验证。这种阅读方法可以促进学生边读边思考，提高学生的独立阅读能力。例如《黄山奇石》一文要求学生联系生活，猜出"陡峭"的意思。教师可以引导学生联系自己爬山的经历或者借助图片，理解"陡峭"的意思然后再说一说。《葡萄沟》一文要求学生联系上文，理解"五光十色"的意思。教师可以引导学生联系上文展开想象，并进行相应的训练。

理解性训练：联系生活展开想象，理解句意。

运用性训练：联系上文展开想象，学习写具体。

迁移性训练：结合课后练习，让学生说一说，写一写。

最后，教研组对该训练点进行了简析，并得出如下结论：

语言训练的主要目的是使学生具备语言运用的能力，学以致用，在阅读中逐渐积累词语，储存语言模式，培养语感，初步实现听、说、读、写四种基本技能的可持续发展。

教师通过这样的专题研讨，在增强教研活动理论性和实践性的同时，碰撞思维并激起火花，营造出更加浓郁的研修氛围。

3. 教学反思

教学反思是开展校本研修的基础和前提，是校本研修中的基本形式之一。它是教师在一定的教育理论指导下，对自己的教学设计、教学行为、教学结果等进行回忆、思索、审视和评价，从而达到提高教育教学效果、促进学生进步和提升教师专业化发展的思维过程。叶澜曾说过："一个教师写一辈子教案不一定成为名师，如果一个教师写三年的反思则可能成为名师。"可见教学反思对教师的专业成长起着重要的作用。

成都冠城实验学校对教学反思的撰写有专门的规定，教师在参与了教研组组织的转转课、专题研讨课、青年教师赛课、新教师入格课、名师示范课之后，都要写教学反思。学校这样规定的目的在于，通过教学反思唤醒教师的主

体意识,激发其生命潜能,提升其专业素养。高中部语文教研组教师任重衡在其教学反思中这样写道:

> 《柳锁莺魂窦娥冤》和《狂夫》两堂课都具备一定的实验性,也都是在文本的基础上进行思维内核的探索。其中《柳锁莺魂窦娥冤》是探讨文学作品中女性意识的觉醒,而《狂夫》则是探讨狂夫精神的时代意义。
>
> 我对这两个课题的设计并非一时兴起。在平时的教学过程中,我慢慢积累了一些感悟,常把一些突发奇想的灵感记录下来,一直寻思着在合适的时机下仔细研究相应的课题。
>
> 两堂课的教学设计都经历过无数次修改,我几乎每一天都有新的思悟。连续一个月的比赛非常充实,我一直都在探索教学方法与打磨课堂的路上。有时精神过于紧张,在适度放松后又重回战线。现在回想起来,每一天的努力是值得的。

这段教学反思是任老师在一年一度的青年教师赛课后写下的。任老师在学部初赛时的课题为《柳锁莺魂窦娥冤》,这是一堂针对课文《窦娥冤》的复习课。参加学校决赛时,他重新设计了课题《狂夫》,以《记梁任公先生的一次演讲》中的《箜篌引》片段为例,进行思辨性阅读教学。两次课程具有一些共同之处,任老师以此作为探究点,在提高个人素质和业务水平的同时,推进语文学科建设。在赛课的过程中,任老师不断思索,用心感悟,通过这样的方式,其研修能力和教学水平都得到了提高。

初中部数学组教师张毅说:"一节好的课例,磨课是非常必要的。我们的磨课,经历了定主题、定课题,上先行课、修改、再次打磨的过程。"教师在撰写教学反思的过程中,将磨课的相关情况记录下来,加上自己的思考,有助于提高自己的教学水平。

撰写教学反思看似增加了教师的工作量,其实对教师大有助益。教师在撰写教学反思的过程中可以进行深度思考,用研究的心态及时发现,及时总结教学实践中发生的点点滴滴,以此反思自己的教学行为,从微观的角度对自己的教学设进行个性化的创新,形成自己的教学思想。

二、打造适宜的研修场所

校本研修属于思维活动,这种活动虽然不会被空间和时间所制约,但要想取得理想成效,还是要有适宜的研修场所。软环境和硬环境对校本研修同样重要，要建设适宜的研修场所。为校本研修提供保障，有两方面内容需要尤为注意：一方面，学校应投入精力及时间，建立鼓励创新、追求卓越的软环境；另一方面，学校需要根据实际情况，打造自由随性且高雅温馨的教研设施与场所。这正如毛道生校长所谈到的：

> 教研是一种思维性活动，从思维上讲是随时随地都可以展开"思想遐想"，但从心理上讲"思想遐想"需要适时适地的条件。学校不但要营造"追求卓越、开放包容、鼓励创新"的学术氛围"软环境"，还要打造温馨高雅、随性自由的教研场所和设施。在教育人眼里，无处不教育，生活所在就是教育所在，教育所在就是研究所在。

学校打造适宜的研修环境，可以愉悦教师身心，激发教师思维，增强校本研修实效。

成都冠城实验学校十分注重研修环境的打造，建立了校园小书吧、扎染园地、艺术画廊等校本研修场所，授课教师课例展示完毕后，同组教师便可围坐于上述场所，在书香、墨香浸润下的教学研讨可以将大家带入更深层次的研究场域。

此外，成都冠城实验学校环境优美的校园，也是得天独厚的研修场所。深秋，金黄的银杏叶挂满枝头，学校借此开发了基于学生生活的银杏课程，在银杏课程的课例展示环节，李玉庆老师执教的《自然笔记——奔向大自然 记录真世界》将科学课堂搬到校园的大草坪上，教师们一边听课，一边感受美丽校园带来的课堂教学新理念，开发课程新思想（见图4.1）。

图4.1　成都冠城实验学校银杏课程活动

三、建设校本研修共同体

许多教师都有这样的感觉：个体在从事研究时，不管是在理论还是在实践

上，都显得势单力薄，需要团队力量的支持。成都冠城实验学校高中部教师韩雄在回顾他既痛苦又愉悦的校本研修课例展示经历时说：

> 在准备课例展示的过程中，学校、领导、同事以及我所在的"程学琴名师工作室"的朋友都给予了我很大的支持。对于教师而言，准备课例无疑是一个痛苦的过程，但当一节课在这么短的时间里就能以一个比较好的形式呈现出来，我又觉得这个过程如此的珍贵。这是一次难得的历练。走上讲台时，我知道我已不再是我，"我"已变成"我们"。虽然在前一夜几乎彻夜未眠，但我别无选择，我要以最佳状态展示集体的智慧。那一瞬间我觉得自己像一个即将出征的勇士。感谢培养了我的学校，感谢与我有着共同理想和追求的数学教研组，感谢我身边那些志同道合的良师益友。我现在只想说，过程比结果更重要，"我们"比"我"更有力。

一人难挑千斤担，众人能移万座山。韩老师结合他的个人经历，向我们诠释了团队的重要性。在校本研修中，我们需要聚集团队的力量来帮助自己提升教学水平，提高科研能力。

成都冠城实验学校在重视教师个人学习和反思的同时，特别强调教师之间的专业切磋、协调合作。正如小学部教师薛萍在自己的发言稿中所说：

> 学校组织听课教师为上课老师找亮点、指缺点、提建议。这样，教研组成员在研讨下列问题时会更有针对性：怎样用不同的教学手段演绎同一堂课？在课堂中重点与难点如何落实？效果怎样？如何处理教学中的相同环节？不同的个性造就不同的风格，不同的理解形成不同的展现。教师在每一次课例展示结束后都会进行集体反思，直言不讳地指出各自的缺点。每次评课活动都激活了我们的思维，点燃了我们的热情，做到了人人参与，人人思考，人人提高，从而从整体上提高了我们的教研能力，促进了我们对有效教学的深入研究。正是由于大家的团结协作，精益求精，王雪老师才能为我们呈现出一堂富有诗意、充满琅琅书声、将仿写这一课后核心问题充分落实的语文课，做到了人文性和工具性的完美结合。

在教研组打"团体仗"的过程中，每一位老师都做到了认真参与，不仅积极为上展示课的老师出谋划策，还踊跃地就课例展示中存在的问题进行深入探讨。只有让每位老师都置身于课例展示的准备过程中，老师们才不会觉得自己只是观众，而会觉得自己是睿智的研究者、精明的执行者。

虽然一个人可以走得很快，但一群人可以走得更远。成都冠城实验学校坚持聚焦课堂、聚焦师生，以"课例研究"为主线，着力开展以解决问题、发现规律、改善行为为特征的实例研究，旨在做到有专题、有现场、有共识、有积累，充分发挥群体智慧优势，促进教师专业成长，提高学校教学质量。

在这里，还要特别提到一个团体，那就是青年教师。青年教师作为学校的新生力量，教学水平和研修能力的提高，关系着学校未来的发展。成都冠城实验学校加大对青年教师的培养力度，不仅每年定期举办青年教师课堂教学大赛，还采用"师徒结对""外出参加培训"等方式有效促进青年教师的成长。

成都冠城实验学校每一学年下期都会举行青年教师课堂教学大赛，旨在通过比赛提高青年教师的教育教学能力，促进青年教师的专业化发展，推动学校高品质建设进程。为此，学校制定了成都冠城实验学校青年教师课堂教学大赛评分表，各教研组、年级组按评分表要求积极指导组内青年教师钻研教材，进行教学设计和制作课件等，力求在达到良好教学效果的同时，动员同组教师积极展开集体课例研修。学校通过青年教师课堂教学大赛评分表对青年教师的专业发展提出了具体的要求，由于经验和水平有限，青年教师要想在大赛中取得优异的成绩并实现个人的进步，就需要寻求团队的帮助。对于教研组而言，同组老师之间为青年教师的磨课群策群力，这又是一次极好的团队成长机会。

成都冠城实验学校在常规的教研组、年级组研修团队建设的基础上，还创建了一些自主式的学习共同体，比如毛道生名校长工作室、程学琴名师工作室、李继博士工作站等由名师牵头组建的研修团队，开展专题研究。工作室成员基于实践发现问题，解决问题，群策群力，每一个人的教学水平都得到了质的飞跃。此外，成都冠城实验学校还通过"师徒结对"的方式促进青年教师成长。"师徒结对"是指由有经验的优秀教师对新入职的青年教师进行帮扶。在这个小团队中，"徒弟"认真聆听"师傅"的课，由模仿做起，逐步形成有个人特色的教育教学风格；"师傅"定期听"徒弟"的课，给予徒弟具体而详尽的指导。正如小学部教师蒋沛尧所总结的：

> 刘群琳老师给我评课时，会指出很多我自己没有意识到的地方。师傅对我的指导不仅仅是理论层面上的，更落实到了每一个具体的环节。她对学生在课堂上的每一句话都悉心琢磨，使我明白了在课堂上应充分体现学生的主体地位。师傅的课条理性强、思路清晰，并且能很好地调动学生的积极性，让学生在快乐的学习氛围中发现美并创造美。在听课的过程中，我慢慢体味到了师傅思想的灵动，也逐步把握住了每一节课的精华，受益匪浅。

从蒋老师的叙述中，我们能感受到师傅对徒弟有积极影响，师傅在对徒弟

进行专业指导，帮助其成长的同时，也提高了自己的专业素养。

为了"师徒结对"的良性发展，每学期末，成都冠城实验学校会对优秀师徒给予奖励。表4.6是小学部教师李瑶和彭芸的优秀师徒结对推荐表，从个人评价和师傅评价中，我们能感受到徒弟李瑶在师傅彭芸的悉心指导下，短短一年的时间，就取得了长足进步。

表4.6　成都冠城实验学校优秀师徒结对推荐表

徒弟姓名：	李　瑶	师傅姓名：	彭　芸
年　　龄：	29	结对时间：	1年
学　　科：	语　文	学　　段：	小　学

个人评价（成绩及感悟等）	时间如白驹过隙，转眼间一个学年即将过去。这一学年，我很荣幸能成为彭芸老师的徒弟，她在职业道德、教学方法、管理学生等方面毫不保留地给了我许多的指导和帮助，真正发挥了"传、帮、带"的作用，使我在各方面有了较大的提高，成为师徒结对活动的一名受益者。彭芸老师在语文教学上有自己独特的风格，她的课最大的特点就是条理性强、思路清晰、重难点突出，能够很好地把握关键点，同时又能很好地调动学生的积极性、主动性、创造性。所以和师傅之间的互相听课、评课成为我向她学习的最直接也最常用的方式。 这一学年以来，彭老师的为人处世，经验心得，她的热情、负责、真诚与自信，常常让我在感动之余，获得了更多的学习、工作动力，使自己能更好地投入到这份事业中。在彭老师的悉心指导下，在她认真踏实的工作作风、良好的人格品质的熏陶下，我在各方面都有了一定的提高。我所在班级被评为优秀班集体，我自己也在青年教师教学技能大赛中取得了好成绩。作为青年教师的我，深知自己的责任重大，要让学生有一碗水，老师就一定要成为一条奔流不止的小溪，因而，只有虚心地向师傅学习，我才能不断地提高自身的素质。我也将不断学习，不断提高，向更高的目标迈进，争取早日成为一名合格且优秀的教师。
师傅评价	在这学期里，我在努力践行着作为师傅所应尽的责任。李瑶老师非常好学，在教学中肯钻研，肯动脑，上进心很强。作为一名青年教师，她深爱自己所从事的教育事业，在教学上，她认真对待每项教学工作，认真学习，深入研究教法，经常翻阅各种优秀教案及参考资料，关注教育网站，及时了解教育教学动态，认真开展好日常工作。她还积极参加区上各项教研活动，抓住每一次学习的机会让自己得到及时的"充电"，并常常很虚心地向同学科教师请教教学问题。 经过一学期的"传、帮、带"活动，我认为李瑶老师非常认真努力，各方面进步都特别大，相信她一定能成为一名优秀的老师。

"评选优秀师徒"既是一种激励方式，也是建设研修团队的一种措施。一方面，资深教师丰富的知识积累和教学经验，可以帮助青年教师快速成长；另一方面，青年教师阳光活泼、勤奋好学等特质也可以感染资深教师，使他们保

持年轻的心态。

四、丰富灵活的研修方式

着力构建扎根教育现场的校本研修组织方式，要注意把握校内与校外、实践与研修、线上与线下的校本研修机会，保障校本研修活动的顺利开展。

（一）校内与校外的贯通

教师专业发展理论指出，校本研修不是孤立的。从国内外校本研修的实践来看，学校在开展校本研修的过程中与校外资源合作，是校本研修成功实施的重要保障。对此，毛道生校长如是说：

"走出去，请进来"是常见的教师培养和校本研修形式。"走出去"应思考要解决什么问题？派谁出去更合适？对方有什么地方值得我们学习？别人好的东西如何校本化应用？如何实现"一人学习，全组受益"？不能稀里糊涂地派人出去学习，回来后又将他学习到的东西束之高阁。同时，要记住，不是谁都可以来讲学的。要请"懂你"的人，知晓该校存在的问题、教师的思想动态、学校期待倡导的理念、教师的行为实态等，因此对专家的研究领域进行全方位的考察，以及和专家进行充分的沟通非常重要。

上述内容既是毛道生校长对扎根教育现场的校本研修平台搭建保障机制的诠释，也是他对成都冠城实验学校校本研修提出的要求。为了落实上述内容，成都冠城实验学校采取了系列具体举措：

首先，"走出去"。每一学期，除了鼓励教师积极参与区内各学科的教学研讨活动，学校也积极为教师创造外出学习的机会，分批分次安排他们到各省市区学习交流。以小学部教师近年来的外出学习实践为例：王丹赴重庆参加科学教育学科与专业建设研讨会；刘群琳赴杭州参加"千课万人"小学美术"传统与现代"课堂教学高峰论坛；王莉、李洪、吕继艳、彭俊莎、王雪、李玉庆等到电子科技大学附属实验小学参加走进巴蜀——全国思维导图中小学名师教学观摩研讨会；刘晖、舒萍、毛镭洁等参加小学英语绘本阅读教学能力提升专题研讨会；肖奕玫、邓博文、林海燕、梁愿、何倩倩、冷永萍等参加小学语文统编教材教学活动设计与设施研讨会；王超参加成都市体育教师（教练员）武术培训班学习。从上述实践可以看出，外出学习的教师涵盖各个学科，学习的内容也与教师专业成长息息相关。

再以学校 2020 年 10 月下旬至 11 月上旬的外出学习实践为例，毛道生校长带领高中学部杨永成校长、课程教学中心副主任陈天翠、李娟以及主任助理韩雄老师参加主题为"致敬坚守、点亮未来——聚焦新课改、探索好课堂"的四川省优质教育促进会；程学琴副校长和刘嘉学监带领小、初、高三个学部教师代表到成都树德中学，参加了以"整全育人与整合学习"为主题的第 34 届教育教学研讨会；程学琴副校长带领学校教师代表参加了主题为"千载文心百年党魂"的中华之星传统文化教育四川研讨会；初中部梁大才校长带队，李洁、许柯燃、文晓勤等教师代表到成都第七中学初中学校参加四川省第 17 届初中教育教学改革研究共同体学术研讨会；初中语文组徐宁娴、初中地理组曾锐在成都嘉祥外国语学校（锦江校区）参加四川省优质教育促进会优质课程展评活动；初中生物组黄莎、吴瑶、韩松玢等在成都七中（高新校区）参加四川省初中生物学教材（北师大版）培训与教学研讨活动。初中学部张伟等外出参加成都七中育才学校教育研讨会观摩学习活动；小学、初中学部教师代表在温江区鹏程小学参加"鱼凫教育大讲堂——基于课程标准的教材编写与课堂教学"专题学术报告。仅半个多月时间，成都冠城实验学校外出学习人员就超过了一百人，外出学习人员包括各个学部的各科教师，他们深入到自己熟悉的专题和领域进行学习提升。他们积极响应毛校长"一人学习，全组受益"的号召，取长补短，把经验和体会融入学校的教育教学实践中。

推进校本研修不仅需要"走出去"，也需要"请进来"。"请进来"是指邀请与学校校本研修主题相关的专家到校访问，对学校工作给予指导。成都冠城实验学校着力建设高品质学校，邀请华东师范大学李政涛教授到校访问，作关于"高品质学校建设"的专题报告。李政涛教授深入浅出，从学校的实际出发，层层剖析高品质学校建设的内涵和教师发展的关键。他的理论引领有高度、有方向，实践分享接地气、可操作的"干货"打开了老师们的视野，给了老师们实实在在的收获，这就是有效的"请进来"。其实老师的学习也和学生的学习一样，都需要激起他们学习的兴趣点，李教授举实例、讲故事，再加上一些形象的比喻等，无不激发了老师们学习的欲望。而更为关键的是，李教授教给大家的东西对教育教学和个人专业的成长都有帮助，也就是说实用性强。因此，老师们喜欢听，愿意学，并学以致用，这样的校本研修就是有价值和意义的，这样的"请进来"才是校本研修有效的保障。听完李教授的报告后，小学部教师叶晓琴产生了如下心得：

> 李教授谈到，如果充分利用四种类型的现场——教师每天的教学现场、同行教师的教学现场、学校教研组和备课组的日常教研活动现场、各

种培训和讲座现场——来促进自身的学习，有现场学习意识，就能更加深刻地认识到日常教育教学工作的价值。成都冠城实验学校的老师们认真地记下讲座笔记，悉心写下了自己的心得体会。今后，无论是教学现场，还是研讨现场、讲座现场，我们都将带着大大的"麻袋"，把能装的智慧都装进去，再努力把它变成"口袋"里随时可以取用的家珍，用优秀的理念打开自己的格局，充实自己的知识库。

此外，成都冠城实验学校努力构建扎根教育现场的校本研修的外部支持体系，实现了校内与校外的贯通。例如，成都冠城实验学校与四川教育科学研究院、四川师范大学、成都师范学院、成都市教育科学研究院等高校和教育科研机构建立起了稳定的合作机制，初步形成扎根教育现场的校本研修外部支持体系。

表 4.7　校本研修主题、研究课内容及指导专家一览表

校本研修主题	研究课内容	指导专家
课堂展示与数学语言表达	三角函数复习	吴中林
合作学习有效性研究	面对经济全球化	卢志
学生生涯课程的开发	遇见未知的自己	李淑英
基于实证观察的阅读教学	昆明的雨	何立新
阅读模式下任务设计的合理性	Mr. Cool's Clothes Store	覃文胜
数学建模教学实践与研究	方程思想在生活中的应用	幸世强
气体制取装置的多样化	气体的制取	尹团结
观测评价任务设计实施有效性	篮球：体前换手运球	邱永诚
版画基本技法的探究与实践	版画	孔祥平
文言文起步教学策略	司马光	刘晓军
计算思维下的有效性活动设计	智能小风扇	林家锐
教师的引导策略研究	夹染之美	冯恩旭

如表 4.7 所示，学校在确定校本研修主题和研究课内容后，邀请该学科领域的权威专家到校指导，在专家的引领下，学校扎根教育现场的校本研修得到了推进，研究理论开始完善。

成都冠城实验学校聚焦课堂，努力为教师搭建专业平台，组织赛课、献课、研究科、转转课等多种形式的公开课。提倡"只要有课就要有交流"，备课、说课、观课、议课，一个环节都不能少。学校聘请校外名师和教研员来校

"对点帮扶"，保证研修的质量。学校根据教师教学的需求或者研修主题的需要，邀请不同类型的专家深入课堂对教师的教学进行具体指导，在专家的引领下，老师们研究教材、研究教法、研究学生、研究课程资源、研究课堂文化等等，从不断更新的教学观念，不断改进的教学方法中，实现校本研修校内与校外的有效贯通。

（二）实践与研修的融汇

校本研修是一种特定的学习活动，具有一种特有的教育意义。它以遵循实践取向、回到教育现场、尊重学校主体为原则，通过教师一次又一次的实践与研修，找到最佳的教学方式。以成都冠城实验学校教师何柳蓉的教学反思为例，一开始，何老师把《昆明的雨》的课型定位为教读与自读，旨在让学生体会汪曾祺"语淡而情深"的语言风格，从句式、修辞等方面品味汪曾祺的语言特点。按照这个定位，何老师上了第一次课。

在何老师上课期间，听课教师发现了几个问题：

问题一：《昆明的雨》是一篇自读课文，但在课堂上，教师成为课堂的主体。

问题二：这节课内容太多，有作者简介、字词处理、文本分析等，感觉什么都有，什么都学，但什么也没深入。

问题三：课堂气氛虽然很活跃，但是学生一直被老师牵着鼻子走，缺乏自我思考和自我探究。

课后，围绕上述问题，听课教师进行了如下思考：

我们上课的目的到底是为了展示教师的渊博学识，还是让学生主动学习呢？

在现在的部编教材里，有教读课文，有自读课文。我们在实际教学中往往忽略了自读课文，但其实，自读课是培养学生运用方法进行自主阅读的好材料。

《昆明的雨》就是一篇自读课文，它被放在八年级上散文单元的最后。这篇文章的教学应该符合自读课的特点：学生应该是主体。部编教材强调"三位（教读——自读——课外阅读）一体，教师通过教读课向学生传授学习文本的方法，学生应在自读课上将上述方法加以运用。

接着听课教师又提出了如下问题：

这篇写景抒情散文到底应该怎样确立自读点？

虽然只听了一次课，听课教师却边研边学，边思边行，结合教材和学生特点，提出了何老师上课时存在的问题，并结合自读课文教学的要求，给出了一些建议。

这节课到底该如何定位呢？何老师在她的教学反思中娓娓道来：

查阅：

我们查阅了许多专家教授的书籍，罗晓辉老师在《大夏书系·文本解读与阅读教学讲谈》一文中提到"阅读课要建立课型的概念"，指出语文教学应该分为预习课、语言基础知识学习课、文本分析课、文本评价和鉴赏课、文学史和文化知识课、写作课和训练课。每一堂语文课，都要根据课型来定位。定好位，有了一个中心，这节课就可以上得比较纯粹。上一堂课就必须有一个主题。罗老师的论述引发了我们的进一步思考。

定位：

我们的这堂课定位是什么？八年级的学生已经能够使用工具书查阅生字词，通过网络或纸质书等搜集资料，因此，作为一堂展示课，预习、基础知识学习等环节可以在课前处理。如果教师想把本课上成文本鉴赏课，应要求学生在课前深入了解课文，积累文本鉴赏知识，如果要以此文为范本，将其上成一堂写作课，就要求学生在课前深入了解汪曾祺的行文风格，可是汪曾祺的行文风格是很多成年人都学不来的，更何况积累还不是很丰富的初中生呢。

教研组经过探讨，决定将本将定位为文本分析课，教师引导学生通过文本分析把握文章内容，体会文章情感。

再思考：

文本分析也需要切入点。我们到底从哪里切入文本才可以有效解决问题并调动学生呢？恰逢成都冠城实验学校举行教育研讨会，我们去听了著名语文教育专家赵谦翔上的《昆明的雨》，赵老师从文章结尾的那首小诗开始，引导学生学习课文。但是，他的教学设计大胆而富有挑战性，有赵老师自己的特色，我们和我们的学生不一定习惯这样的课堂。

我们再次研究部编教材时发现，自读课有其特点，它比较重视旁批和阅读提示对学生的引导作用。我们思考：既然要引导学生主动学习，教师是否可以利用语文教材中的资源，让学生通过资源来解读文本。

实践需要理论的支撑，理论需要研修来升华。教师在校本研修的过程中寻

求专家的帮助，在专家的步步指引、层层点拨下理清思路，不断反思，提高自己的教学水平。这个探索与思考的过程，就是研修过程，教师一边实践，一边阅读相关书籍，把书本知识与实践经验结合起来，使自己的思考更加深刻、更加成熟。在与教研组成员探讨后，王老师提出了解决问题的四个步骤：

第一步：学生提出问题。

第二步：教师归纳问题。

第三步：问题集中展示。

第四步：课堂实践。

何老师在论文中清晰再现了教研组教师在设计《昆明的雨》一课时是如何聚焦课程，聚焦课堂，将校本研修与课堂教学实践紧密结合，以语文学科教研组为基本组织方式，在一边研讨一边实践的过程中，实现教师专业成长的。以课例为载体的校本研修将教师的研究和日常教学实践紧密联系起来，教师在行动中学习，在行动中研究，强化合作交流，形成理论学习与实践行动相结合的校本研修新模式，保障教师的教学方式、研究方式、学习方式、专业发展方式都得以提升。

（三）线上与线下的交互

学校是校本研修的主阵地，教师是校本研修的主体，现代信息技术是校本研修的工具和载体。教师充分利用网络的开放性进行自主研修，极大地减少了学习和工作之间的矛盾，网络的快捷性有助于提高研修的实效，网络的互动性也能丰富教师的体验。

成都冠城实验学校借助现代信息技术拓展校本研修的空间，形成了多维的校本研修"教育现场"，实现了线上与线下交互研修的新模式。

突如其来的新冠肺炎疫情让教师们经历了线上教学的特殊时期，对此，程学琴副校长如是说：

复学后，教师仍然应当以"互联网+"为助力手段，充分发挥线上教学信息丰富、益于多维呈现、便于反复学习的优势，将学科教育与信息技术深度融合，感受信息技术带给教学的好处。面对教学中的问题，教师需要加大"研修"力度，组织开展线上和线下集体备课活动，一方面，教师要研究如何教、教育与技术如何融合等问题；另一方面，教师要研究如何指导学生、如何提高学习的针对性和有效性等问题。

线上与线下的交互，既有利于适应现代教育信息化的大趋势，也可以打破时间和空间的局限。教师可以利用腾讯会议、微信等平台及时交流，保证研修过程中的问题得到及时有效的解决。

第二节　校本研修的资源整合

"资源存在于大千世界，你不去挖掘和利用它，它便不会主动找上门。"关于校本研修的资源也是如此，我们应尽可能多地搜集与校本研修相关的资源，将其有效整合为校本研修中的可利用资源，从而更好地帮助教师提升专业水平，提高专业意识，更有效地解决教育教学中的实际问题。

一、多元的资源

随着教育多元化的发展，"多元"一词广泛存在于教育教学的方方面面，如培养目标多元化、办学形式多元化、管理模式多元化、教学内容多元化、评价标准多元化……校本研修也不例外，教师可以通过校内、校外、网络等多元渠道获取丰富的校本研修资源。

（一）校内资源

教师发展的核心价值观认为：学生发展和教师发展是学校教育的两大主题。学校既是学生发展的场所，也是教师发展的场所，教师发展的真正价值和意义在于促进学生发展。因此，学校作为培养教师的重要场所，其丰富的资源是校本研修的基本保障。校内资源主要包括教师和学生、学校图书馆、校园文化、学术研讨活动等。

1. 教师和学生

教师作为校本研修的主体，本身就是最重要的资源。比如某个老师在导课阶段别有一番做法，那这个做法值得探讨，就可以作为研修的资源。怎样导入新课？导入新课就是联系学生的生活经验，是怎样联系的？有哪些方式和方法？小学部梁愿老师在执教部编版一年级下册第五单元识字《操场上》时这样导入："（出示学生下课的视频）下课铃声响了，大家像一群快乐的小鸟一样飞出教室，你们最喜欢去哪儿玩？"梁老师联系学生实际生活导入新课，富有亲切感，激发学生学习的兴趣。那么，还有没有其他的方式？哪位老师在导入新课上有一些新的做法？哪位老师在总结课上有一些新的做法？如此等等，教研

组成员通过分析、甄别，把这些资源纳入研修的轨道。

在成都冠城实验学校，"学生自主管理"的理念可谓深入人心。在德育工作中，班主任一直坚持践行这种理念，学校也形成了学校、学部、年级学生自主管理的三级管理模式，但每位班主任老师是否在班级的管理中充分体现出了学生的自主管理特色呢？在指导新手班主任时，现初一年级谢俊昭老师幽默地说："自主管理做得好不好，就看我们班主任'偷看'次数少没少。"其实，班主任的"放手"并不是"放弃"，班主任忍不住"偷看"的实质是对"自主管理"的认识不够，信心不足。组建班委，细化班规，放权学生，解放自己……这些班级管理方式都是班主任的常用手段，但是，这些手段是否真的能实现学生自主管理呢？班主任的"偷看"行为表明他们并未做到真正的放手。旧观念的改变不是一蹴而就的，思与行应该交叉曲折前行，在摩擦与碰撞中实现理论与实践的自然融合，即所谓的"知行合一"。

每个学期，成都冠城实验学校各年级均会开展相应的学生活动。例如初一年级以班为单位开展国学诵读比赛。班主任是语文老师的，仿佛占尽了天时地利人和，班主任是理科老师的，好像就已经先输了气势。年级组长谢俊昭老师建议各班班主任大胆放手，让学生干部组织，全员参加，家校协助。比赛后的总结会上，老师们纷纷感慨自己对学生的能力有了新的了解，对于"自主管理"理念也有了更深的认识。陈洪老师说："正式表演前我都在担心着，虽然也看过孩子们的彩排，但总觉得自己还要做点啥，结果看来，孩子们确实比我们想象得更能干！其实'放手'并非放弃，而是在充分调动学生的自主能力的同时，自己也进行"打杂"式参与，从原来的学生当老师的助手转变为老师当学生们的助手。这次，我的感触确实很深，很多时候，并非学生没有这个才能，而是我们没有给他们这种锻炼的机会。这样的参与是积极的交流，重要的支撑，但不是'抢戏'。学生的策划组织能力也是让老师敢于"解放"自己的有力保障。"

可见，教育不仅在于教师拥有渊博的知识、良好的素养、超常的能力，还在于教师非凡的智慧。叶澜教授说"教学是老师与学生共度生命的过程"，就是在这"共度生命"的时光里，留下了许多不为人知的教育故事，生成了许多鲜活典型的教学案例，引发了许多值得探究的教研问题。这些展示教师和学生生命价值的"事件"，便是校本研修的源头活水。

2. 学校图书馆

学校图书馆作为一个相对独立的教育场所，是学校整个教育教学要素中必不可少的重要组成部分，是利用书刊资料传播科学文化知识，培养有创新精神和独立见解人才的知识宝库。它直接面向师生，不仅是学生自主学习的"第二课堂"，也是教师继续教育的阵地，在全面提高教师和学生的整体素质上发挥极大的作用。[1]

成都冠城实验学校的图书馆作为教师获取知识的主要场所之一，阅读环境舒适，有丰富的高质量书籍和报刊（见图 4.2）。教师通过阅读，增加校本研修的知识储备。

图 4.2 成都冠城实验学校图书馆

《荀子》里有言：蓬生麻中，不扶而直；白沙在涅，与之俱黑。《孔子家语》里也说：与善人居，如入芝兰之室，久而不闻其香，即与之化矣；与不善人居，如入鲍鱼之肆，久而不闻其臭，亦与之化矣。由此可见，无论是自然环境还是社会环境，对人的影响都是很大的，在轻松愉悦的环境中，人的工作往往能得到事半功倍的效果；相反，在紧张糟糕的环境中，人们往往感到很压抑，工作积极性不高，工作效果自然也好不到哪里去。

在成都冠城实验学校工作的四年多来，我充分感受到了教研环境变化所带来的工作变化。我刚来学校时，语文组的教研室在行政楼202，屋里的摆设非常简陋：四张拼凑在一起的长桌，十来张木质硬座椅，两个铁皮书柜。我们的办公室在实验楼，只有集体教研时才会来教研室，所以教

---

[1] 孔红霞. 充分发挥图书馆在学校教育教学中的作用 [J]. 吉林教育，2008（19）：4.

研室平时都关着门，整个房间充满了难闻的霉味，桌椅上更是灰尘遍布，每次开会前都要先进行大扫除。由于环境恶劣，我们教研组并不常去教研室，就算去了，大家往往是简单地说一下事务性的工作，或者简单地进行一下教学研讨，结束后便很快离去。

大家更喜欢在办公室隔壁的阅览室进行教研活动和教学讨论，阅览室由实验室改造而成，凳子坏了不少，桌子年久失修，但阳光充足，没有异味。后来，学校在每层教学楼的楼梯转弯处设置了书吧，环境开阔优雅，大家也常常在这里进行教研活动和教学讨论，但书吧位于教学楼，教师们在上课时间讨论会吵到正在上课的学生，在下课时间讨论，路过的学生又会打断我们的研讨，不便之处颇多。

再后来，学校对图书馆进行了大力改造，专门在图书馆二楼设置了教研专区，教师们终于找到了自己的"世外桃源"。教研专区不仅有极富艺术感的书柜和优雅的长桌靠椅，还有暖心的二楼管理员谢老师，他总是给我们端来新沏的茶水或刚冲的热咖啡。大家围桌而坐，或是安排近期教学事宜，或是研讨教学疑惑，或是讨论最新的教学思想，兴趣盎然。校本研修本是处处可研，时时可研，好的教研环境也许不是校本研修的必要条件，但好的教研环境一定是校本研修的催化剂和助燃剂，它能强化研修氛围，提升教师的研究兴趣，让我们在不知不觉中获得进步。（高中部 马振伟）

3. 校园文化

校园文化为教师的专业发展提供文化底蕴和精神引领，既能熏陶学生，又能潜移默化地影响教师。校园内的雕像、墙壁都是传播校园文化的载体。教师们常常看之，思之，并从中汲取营养。因此，校园文化也可以成为校本研修的资源。

成都冠城实验学校初中部教学楼上挂有"培养具有中国灵魂和国际竞争力的现代人"的标语，这不仅是学校育人的目标，也启发着教师们进行"三维一体"校本特色课程的开发和相关课题的研究。

"三维"是指育人目标所要求的"传统国学"（中国灵魂）、"国际理解"（国际竞争力）和"公民教育"（现代人）；"一体"是指"中国学生核心素养"。学校"三维一体"特色校本课程是指落实"中国学生核心素养"，统整"传统国学""国际理解"和"公民教育"的专门培养具有中国灵魂和国际竞争力的现代人的分年段的课程体系。（高中部 华黄来）

华老师充分阐释了"培养具有中国灵魂和国际竞争力的现代人"这句话与中国学生发展核心素养的契合之处，结合学校实际，科学、有序、有效地在小、初、高各学部分别开发了"传统国学""国际理解"和"公民教育"三门课程，并进行了相关的课题研究。

4. 学术研讨活动

学校举办或承办国家、省、市、区级相关教育教学研讨活动，让教师在参与活动的过程中得以学习和发展，这也是学校为教师提供的一种校本研修资源。

  2020年10月15日，成都市小学语文统编教材应用提升培训会在成都冠城实验学校举行，精彩的课堂教学分享与有深度的专家报告，帮助老师们更深层次地理解、使用好教材的同时，也更有效地指导我们常态化教学与深度教研。

  2020年11月25日，教育部"国培计划"（2020）高级研修历史（高校或教师培训机构）项目展示活动在成都冠城实验学校举行，从课例展示到分小组评课，再到专家引领，老师们结合教学实际研讨统编初中历史教材教学如何实施"四史"（党史、新中国历史、改革开放历史和社会主义历史）教育。

  2020年11月27日，成都市陶行知研究会与成都冠城实验学校联合举办主题为"五育并举，五自立人，培育时代新人"的成陶第四届学术年会暨成都冠城实验学校第17届教育研讨会。大会精选了十余节优质课程，涵盖幼儿园、小学、初中、高中各个阶段，听课教师与授课教师充分交流、评议、答疑，精彩纷呈，思维的火花在碰撞中飞溅。

在上述教育教学研讨活动中，成都冠城实验学校的教师通过上展示课，参与听课、评课以及聆听专家报告等方式，提高了自身的教育水平，搭建起自我发展的平台，实现了专业化成长。此外，学校还建立了名校长工作室、名师工作室、博士工作站等学术交流平台，组织教师参与学术活动，形成发展共同体，为教师的校本研修提供丰富的校内资源。

（二）校外资源

校外资源指的是整个社会中能帮助教师进行校本研修的所有设施、条件或人员，主要指学生家长、专家学者、学科教研员、其他学校、科研机构、政府部门、社区组织、社会公共资源（图书馆、博物馆、展览馆、科技馆、少年宫

等)、学术团体、公司企业、电视广播、报纸杂志等。

以武侯区教科院小学数学教研员邱莹到成都冠城实验学校指导的一次数学教学工作为例，邱老师带领教研组老师就尚丹老师讲授的《古人计数》一课进行了深度研究。

展示课上，尚老师以古人计数的故事为辅垫，讲解了自然数的产生与发展，组织了摆、数、捆、拨、认、说等多种形式的操作活动，旨在帮助学生认识 20 以内的数，体会十进制计数法，建立数位的概念。在课堂上，尚老师通过引导学生讨论"两个完全一样的珠子能不能表示 11"这一问题，帮助学生理解位置值，成功地突破了本节课的难点。

课后，邱老师针对《古人计数》这节课做了具体的、可操作性的专业点评。邱老师强调：我们在上每一节课之前，都应该做好两方面的准备。一方面是从教材出发，了解本节课的知识结构和自己的教学思路，弄清课中的每个知识点的来龙去脉、具体含义，做到"心里有数"，才能保证教给学生的知识既准确无误又具有启发性。另一方面是从学生的角度出发，预判我们要教的知识学生是否能接受，应该实施哪些教学策略怎么让课堂活动有效……所有的一切准备就绪后，我们才能开始上课。

邱老师还现场演绎、剖析了《古人计数》这一课的知识结构和操作流程，为老师们做了知识架构和教学策略的引领。这节课以及课后的思维碰撞给成都冠城实验学校的老师们带来了巨大的启发，老师们纷纷写下了自己的收获和思考。

成都冠城实验学校在开发基于地方文化的鱼凫课程时，邀请了成都市鱼凫文化研究中心副会长李涛到校指导，为老师们深入讲解鱼凫的历史文化，促进教师个人文化素养发展。在开发高中部的课程资源时，由于高中部规模小，师资人数偏少，能力有限，为丰富课程类型，高中部在充分挖掘已有师资基础上，多渠道拓宽聘请师资，既聘请了成都电视台著名主持人李申建到校讲授播音主持课程，又聘请了膳食管理中心厨师开设食育课程。

此外，成都冠城实验学校在开展研学旅行活动时，也较好地利用了各种校外资源。孩子们在学习课程时，也变成了老师学习、交流、提升的新途径。

阿德莱德位于澳洲大陆南缘，是南澳大利亚州的首府，连续多年被评为全世界最宜居的城市之一。阿德莱德拥有完备、先进的教育体系，在全球最佳学习城市排名中位居前列。成都冠城实验学校师生代表团来到阿德莱德，并访问了当地的学校。他们参观校园，走进课堂，体验澳式足球，感受飞镖课和科学植物课，做苹果饼，深度体验澳大利亚的教育模式。

代表团访问了有着百年历史的阿德莱德国会大厦、博物馆、图书馆；访问了培养出了五位诺贝尔奖获得者的阿德莱德大学；访问了布莱斯顿中学，与当地教育局官员进行了交流；走进了汉道夫德国村，亲手制作苹果饼，体验这个德国小镇的历史文化与风土人情（见图4.3）。

图 4.3　成都冠城实验学校师生代表团出访澳大利亚

在圣安德鲁学校，师生代表团和圣安德鲁学校的师生进行了深入的沟通交流，了解澳大利亚教育理念、学生课程以及探究性学习的开展情况。

多元化的文化交流、多维度的思想碰撞让成都冠城实验学校的随行教师进行了深入的思考——如何深入地打造核心课程、融合课程，让教育具备更深更广的视野，让孩子们拥有更蓬勃的生命力——这是需要成都冠城实验学校教育人笃力思考、实践的命题。（小学部　侯赛）

学校整合校外可利用资源，进行跨区域、跨学校的互动交流，拓展校本研修的空间，开阔校本研修的广度，改变校本研修的格局，从而丰富校本研修资源。

（三）网络资源

网络资源具有信息量大、素材广、更新速度快、查阅不受时间和空间的限制等特点，在教师校本研修资源中有着举足轻重的地位。[①] 在信息化的大背景下，教师可以通过百度、搜狐等搜索引擎；中国知网、万方数据知识服务平台

---

① 宋立颖. 浅谈网络资源在教师校本研修中的运用［J］. 中国信息技术教育，2014（04）：93.

等文献数据库、中国国家图书馆等线上网络图书馆；微信、QQ、腾讯会议、钉钉等交流平台；政府网站、专业教育类网站等渠道，了解国内外最新教育教学研究动态，获取校本研修资源。

- 常用搜索引擎：
百度（https://www.baidu.com）
搜狐（http://www.sohu.com）
- 常用网上图书馆：
中国国家图书馆（http://www.nlc.cn）
中国科学院文献情报中心（http://las.ac.cn）
- 常用文献数据库：
中国知网（http://www.cnki.net）
万方数据知识服务平台（http://www.wanfangdata.com.cn）
- 网络交流资源：
QQ、微信、腾讯会议、钉钉

二、多维的资源模式

（一）理论支撑

校本研修在强调关注实践的同时，也强调理论知识的学习，因为没有理论支撑的研究是肤浅盲目的。许多经典理论对开展校本研修具有直接作用，例如皮亚杰的发展观和认知发展理论、维果茨基的最近发展区理论、杜威的"教育即生活"的实用主义理论、陶行知的"做中学"生活教育理论、苏霍姆林斯基的全面和谐教育发展观、布卢姆的教育目标分类学、马斯洛的需求层次理论、加德纳的多元智力观、奥苏贝尔的认知—接受学习理论……上述这一系列的理论知识有助于教师开展深入而细致的实践研究。那么，教师应该在哪里学习这些理论资源呢？教师既可以阅读各类书籍、报刊、互联网资料，也可以积极听取专家学者的专题报告。

1. 阅读

阅读是开展校本研修的理论抓手，教师可以借助阅读学习教育教学理论，了解他人教育教学经验，提升理论素养和实践能力。

成都冠城实验学校初中部教师何柳蓉在四川省重大课题"高品质学校建设

的探索与实践"研究推进会及校本研修现场观摩活动主会场上了一节展示课《昆明的雨》，与成都冠城实验学校初中部语文教研组的老师们一起为参会人员呈现了一个真实的校本研修活动范例。在备课期间，何老师通过大量阅读获得了理论支撑，教学教研能力也随之提升。她在题为"星光不问赶路人"的交流发言中说道：

> 在这期间，我查阅大量的资料，阅读了汪曾祺的《人间草木》《生活是很好玩的》《我在西南联大的日子》《人间有味》等散文集，在网上搜索了《昆明的雨》的文本解读和教学设计，在中国知网上下载了几十篇关于《昆明的雨》、汪曾祺、自读课文教学、散文教学、校本研修的论文。

理论与实践相结合的课堂教学更有深度和研讨价值，教师以阅读为基础，设计课堂，在此过程中积累的经验也是一笔难得的财富。何老师在准备展示课的过程中阅读关于了大量关于自读课文教学、散文教学以及校本研修的论文，建立了扎实的知识体系框架，这对她今后的教学和科研工作都大有助益。

记得窦桂梅在《做有专业尊严的教师》一书中写道：真正的教育家无一不是嗜书如命的人。拥有实践经验的教育者，倘若不通过读书，获得洞察人性的智慧，观点便容易局限于经验，或拘泥于细节，显得肤浅、琐细和平庸。

成都冠城实验学校每学期除了要求老师们撰写教育教学论文（案例），还要求他们撰写读书心得，意在倡导教师通过阅读，获得"根部"的滋养，并将收获有效运用于自己的实际工作。

成都冠城实验学校小学部教师石建萍在阅读了教育学博士简·尼尔森的《正面管教》一书后，运用书中理论，开展班级工作，并取得了较为理想的效果。《正面管教》一书中说道："孩子们需要鼓励，正如植物需要水。没有鼓励，他们就无法生存"要安排特别时光，抱一抱孩子。通过反复阅读《正面管教》，石老师改变了教学策略，不再批评学生，而是试着和他们沟通，在他们犯错时耐心引导，有时还会蹲下来抱一抱他们。在她的努力下，学生们受到了鼓励。

在成都冠城实验学校的努力下，老师们渐渐养成了阅读的习惯，开始主动自觉地阅读专业书籍。例如，在听了华东师范大学李政涛教授关于"高品质学校建设"的专题报告后，老师们激动不已，不仅主动阅读了李教授的专著《教育常识》，还写下了阅读心得。高中部语文戚欣在读完《教育常识》后写道：

> 《教育常识》非常"接地气"，无论哪个章节，都能从作者的视角和思

想中捕捉到与自己教育教学现状和观念契合的部分，从而激起新的认识、思考和发现，对教师修炼基本功，实现教学理论与实践结合，具有一定的指导作用。

曹莎是一位年轻的班主任，看了《教育常识》后，她对自己的教学活动进行了反思，教师在课堂上不能"满堂灌"，而是要把课堂还给学生，让学生自主发挥；教师应注意对课堂教学中突发事件的处理；教师要注意观察每个学生在课堂上的状态，以及他们的心理变化等。

徐颖烨是一位刚入职不久的年轻教师，读完《教育常识》后，她豁然开朗：

在阅读此书之前，我用自己局限的眼光看待教育，认为教育的局限性可能会让教育者感到悲观，但李教授用教育的局限性激励着我们，希望教育者能打破对教育的盲目崇拜，树立正确的教育理想，清醒客观、淡定从容地投身于教育事业。

陈玉婷已经是一位有丰富经验的老师了。她从《教育常识》中学习到了解读教材的三种眼光：成人眼光、教师眼光和学生眼光。在阅读的基础上，她开始反思自己的教学活动，提醒自己运用学生眼光解读教材，并学会设想：如果"我"是学生，"我"会对这样的教学内容感兴趣吗？"我"为什么要学这个内容？"我"理解这些知识的困难在哪里？

2. 听专题报告

除了阅读，教师还可以通过聆听专题报告获取理论知识。教师聆听专家对教育、教学理论的深入解读，可以开阔视野，拓宽思路，强化研究和学习的意识。

学校邀请四川师范大学教育科学学院教授、博士生导师、语文教学专家靳彤到访并举办了题为"语文教学中的'阅读方法'的整体设计"的讲座。靳老师介绍了整本书阅读教学的理论体系及阅读方法。从她的讲解中，老师们了解了整本书阅读教学的理论体系，为今后课例研讨或撰写论文等积累了素材。

学校邀请西南大学教授、博士生导师、教育部西南基础教育课程研究中心主任宋乃庆到访并作了题为"'五育'融合育人效果评价维度探析"的专题报告。宋教授从"五育"融合的背景、"五育"融合的内涵与意义、基于学科育人的"五育"融合实践探索、育人效果评价指标等方面出发，对"五育"做了全面的阐释。

学校邀请成都教育科学研究院教师发展研究所所长袁文走进学校"冠城讲

坛",为老师们带来基于职业生涯规划视角的专题讲座《名师成长的密码》。在讲座中,袁所长结合教师发展的方方面面,为老师们详细解读了新时代教师内涵发展的建构体系,给予了老师们深层次的启迪。

(二)经验呈现

牛顿曾说过:"如果说我比别人看得更远些,那是因为我站在了巨人的肩上。"这里"巨人的肩"指的是他人的成果和经验。合理地参考和借鉴他人的成果与经验,不仅可以节约时间、少走弯路,还可以打开我们的思维,引导我们进行反思,从而使我们快速成长。在校本研修方面,教师可以通过课例研究学习他人先进的教学经验。课例研究(即观课、议课)指的是参与者相互分享教学经验,共同收集课堂信息,在此基础上,围绕共同关心的问题进行交流和反思,以改进课堂教学、促进教师专业发展的一种教师研修活动。

以成都冠城实验学校承办的成都市温江区体育课例研究活动为例:

在课前陈述环节中,我校体育组的姚耀钧老师和毕佳老师对《足球:脚内侧踢球》和《篮球:行进间双手胸前传接球》这两节课进行了陈述。

姚老师和毕老师主要从探究背景、确定主题、研究过程和课例研讨四个部分进行陈述,并且展示了自制的观测量表。

老师们观看了由王洋老师和王超老师带来的课例展示《足球:脚内侧踢球》和《篮球:行进间双手胸前传接球》。

观课完毕后,罗军老师和刘邦键老师对展示的课例进行课后陈述,罗军老师针对课例《足球:脚内侧踢球》,从观测量表数据分析、实施策略建议和改进三个方面进行了陈述。

刘邦键老师针对课例《篮球:行进间双手胸前传接球》,从问题聚焦、观测推论、策略优化、分析与建议四个方面进行了陈述。

在课后研讨环节中,全体教师围绕主题"教师讲解示范有效性"进行了深入的研讨,并针对研讨主题及观测量表的设计发表了各自的意见。

为了做好本次区级教研活动,我校体育组全体教师提前一个月就开始筹备,大家一起设计课堂观测量表,然后在王洋和王超老师的课上进行试用,通过实际的使用,再次对观测量表进行修改,最后在温江区体育教研员陈培林老师的悉心指导下,完成了观测量表的初稿。

通过本次活动,我校体育组进一步提升了集体教研的水平。

从成都冠城实验学校体育组教师撰写的活动纪要中可以看出,教师参与体

育课例研究活动的积极性高，就研修主题进行了深入探讨，形成了可操作、可借鉴的课堂观察量表和规范的研修模式。在成都冠城实验学校高品质学校体系化建设过程中，扎根教育现场的校本研修是各教研组教学研讨的重要形式，体育组教师撰写的活动纪要是其他教研组学习的范例。

此外，教师结合研修主题总结出的针对某类问题的教学模式，也可以作为校本研修的经验供同行借鉴。例如，成都冠城实验学校小学部语文组完成略读课文的区级研讨课后，王莉老师从中总结出了略读课文的教学方法，她认为，略读课文应"从'略'而教，重视迁移运用"。

> 王老师从"识'略'——略读课文的'略'在哪儿、谋'略'——略读课文有哪些教学方式、攻'略'——略读课文如何巧设学习任务"三个方面引发大家对略读课文教学的思考和研讨。通过结合《"精彩极了"和"糟糕透了"》《趣谈京剧》等课例，详细介绍了略读课文的教学方法。此外，教师巧妙设计学历案，让学生运用精读课文的阅读方法分析理解略读课文，铺放并举，可以逐步提高学生独立阅读和运用语言文字的能力……王老师这一系列实用高效的方法为大家的教学提供了有效借鉴。（小学部 叶晓琴）

在平常的教育教学活动中，成都冠城实验学校的其他教师也如王老师一般，养成了梳理总结的习惯，他们按研修主题进行理论联系实践的分析，并总结出一些教学方法，在促进自身专业发展的同时，也促进了学校的研修文化的形成。

（三）物质保障

"兵马未动，粮草先行。"在校本研修的过程中，物质保障也至关重要。学校有针对性地为教师购买相关的教育教学书籍，订购前沿的学术期刊，根据需要印发学习培训资料，配备教材、教具，提供适宜的研修场地、研修媒介和设施设备等，都是在为校本研修活动提供物质保障，保证校本研修的有效开展。

比如成都冠城实验学校设置了专门的录播教室，为教师自我研修、集体研修提供优质的影像资料；打造了可容纳上千人的报告厅，并在报告厅内安装了先进的音视频系统设备，使校本研修课例展示呈现出令人满意的效果；学校每一学期都会为教师购买各类书籍，如《做有温度的教育》《学历案与深度学习》《课堂研究概论》等，供老师们参阅。

第五章　沉淀与表达：教师实践智慧的卓越提升

扎根教育现场的校本研修切实地解决了教育实践中出现的问题，促进了教师教育实践智慧的沉淀。教师在校本研修中沉淀教育实践智慧，关键在于保持经验的开放性，即不断吸收"新鲜"的经验。"新鲜"的经验可以给教师带来源源不断的灵感，帮助教师找到校本研修的新方向。反之，如果教师的经验不能及时"更新"，教师就会处于一种固守旧经验的状态中，故步自封。本章将围绕"校本研修的全息对话"和"教育智慧的叙事表达"两个方面，叙述教师实践智慧沉淀的基本策略。

第一节　校本研修中的全息对话

校本研修中的全息对话是沉淀教育实践智慧的基本策略之一。这里的全息对话包括与同行对话、与学生对话、与自己对话，教师通过与同行对话提出问题、定义问题、转化问题和解决问题；在与学生对话的过程中加深对学生和对教育的理解；在与自己对话的过程中澄明思想、凝练智慧。

一、与同行对话

学校提倡"只要有课就要有交流"，鼓励教师与同行对话，形成反思性实践共同体。成都大学陈大伟教授在《观课议课与课程建设》一书写道，观课议课活动是一种基于教师合作与促进提高的更高层次的听评课的形式，它是参与者相互提供教学信息，共同收集和感受课堂信息，在充分拥有信息的基础上，围绕共同关心的问题进行对话和反思，以改进课堂教学、促进教师专业发展。

（一）观课议课，促进教师专业成长

课堂观察是教师从事课堂研究时广泛使用的一种方法。课堂观察指研究者或观察者带着明确的目的，凭借自身感官以及相关辅助工具、直接或间接地从课堂情境中收集资料，并依据资料开展相应研究的一种教育科学研究方法。课堂观察量表是随着课堂观察的兴起而产生的一种辅助工具。课堂观察量表可以辅助听课教师，特别是新手教师有效地进行课堂观察。而课堂观察量表呈现的观测数据也可以辅助教师更为科学、理性地分析课堂，为进一步的议课、教学改进和教师研修提供第一手资料。目前教育界已经有了许多课堂观察量表范本。但是在实践中，不少课堂观察量表存在诸多问题，需要进行进一步开发。成都冠城实验学校体育教研组长付尚根在论文《开发观察量表，促进校本教研深度发展——以〈篮球体前换手运球〉为例谈观察量表在校本教研中的使用》中，梳理了体育教研组开发观察量表的过程。

学历案要素较多，应先确定一个核心要素研修突破，再辐射其他要素。评价任务是为检测学生达成学习目标情况而设计的活动，它的好坏直接影响学生学习证据的反馈，影响老师教学决策。因此决定以研讨"评价任务"设计教学为重点，开发主题与观察量表，指导学历案磨课活动。

我们急需打磨的是七年级《篮球体前换手运球》。该教材来自人教版同年级《体育与健康篮球体前变向换手运球》教材。单元分3课时，本课是第1课时。2011版《体育与健康课程标准》（水平四）要求学生"基本掌握并运用一些球类项目技术和简单战术。"我们一边制定、使用、修改观察量表，一边打磨《篮球体前换手运球》，努力打造"真学习""深度学习"的课堂状态，实践"学、教、评一致性"思想。

根据观察量表需要，除了上课老师，还需要8名观课老师，随堂观察课堂实证，为改进量表和评价任务设计实施提供数据。

第一轮对话：初步确定主题

为了打磨《篮球体前换手运球》，我们初步确定研修主题——观察"学习目标-评价任务设计一致性及实施达成"——开发了3个维度、19项观察点的观察量表。根据第一轮主题观察量表需要，8名老师分组分工，随机选择了七年级的1个班，开展首轮课堂观察。课后，我们及时集中评议，全组老师激烈争论，形成以下建议：

第一，研修主题太大，每人观察的内容太多、太分散，经验不足，忙不过来，收集的数据凌乱，甚至有矛盾的数据，难以形成有价值的建议。

需要缩小主题，减少观察点数量。

第二，任务设计只有活动序号和检测目标代码，内容叙述太简单看不懂，无从知晓评价任务是什么，是否与目标学习对应，建议写清楚检测评价项目和方法。

观察量表可以为课堂观察提供高品质的"证据"。在成都冠城实验学校体育教研组的第一轮对话中，老师们对于课堂观察量表的使用有了更真切的认识。但观察量表的开发和使用不能随意进行，不科学的课堂观察量表大概率会影响观课议课的科学性。对于一帮以运动见长的体育老师来说，想要从理论和实践相互融合的角度开发一个抽象的课堂观察量表，难度比较大。然而，教研组将这道难题作为提升自己的契机，迎难而上，不惧挑战。

第二轮对话：聚焦主题 拟定观察量表

区研培中心学历案专家组给予了指导，我们综合上一轮评议建议，缩小主题为"观测评价任务设计实施的有效性"，按评价任务重新确定3个维度7个观察点。我们重新进行人员分工，用新的观察量表观察七年级的第2个班教学。

课后评议中，老师们的建议归纳如下：

第一，需要每人观察的项目还是较多，取证难度还是较大。观察点中，观察学生活动就能了解"学情"，其他观察点都隐含观察"评价时机"，都不用专门设项。观察"评价结果"不妥，应该观察"评价结果未达预设"时，教师采用怎样的教学策略。因此，建议去掉"学情""评价时机"，将"评价结果"改为"评价结果运用"，7个观察点减少为5个。以期获得有价值的推论建议。

第二，任务设计时表述不够规范和具体。例如学习目标中"降低重心运球"的要求评价任务没有检测，"原地""行进间"换手运球在评价任务中进行的是笼统检测，任务目标对应性不够，建议评价任务增加为4项，并写清楚。

有了专家的肯定和指导，课堂观察量表的升级改造得以顺利进行。体育教研组致力于探究课堂观察量表的科学性和实操性，在实际的观课议课中验证其所体现出的课堂教学效益。

第三轮对话：完善观察量表再观课

我们根据第二轮研修评议意见，把7个观察点减为5个，把观察"评价结果"改为观察"评价结果运用"，微调了观察量表，制定了第三轮观

察量表。我们在七年级的第 3 个班再次进行了随堂观察。大家观课后的评议如下：

第一，前期改进量表的思路是正确可行性的，用起来逐渐顺手。建议下轮观课缩小观察范围，每人随机观察 1 个组学生，跟踪记录，使五个观察点的数据更全面真实。同时，经过反复修改，评价任务文本设计逐步规范，大家观课的重点放在课堂教学上，观察文本设计在课前进行更好。

第二，任务设计上任务的检测标准较粗，应细优、良、合格、不合格的具体标准，标明到学历案及技术展板相应位置。

其他证据反馈的问题。上课教师有 3 次无效评价，学生知道评价任务三标准的时机较晚，检测时心理准备不足。老师发现有学生"运球绕障碍"有困难时，用了一刀切的方式分层，做法欠妥。全班运动密度 70%，离区上要求还差一点。

总体看，本课 4 项评价任务设计实施的有效性较前两轮有较大进步。

有意识有目的意味着有选择，这样无论是观课还是议课都不可能面面俱到，必须重点突出，有针对性地解决问题。相应地观察量表也要体现这个特点，有针对性地记录课堂信息。

第四轮对话：进一步细化观察量表再观课

根据第三轮评议建议，我们观课前先开会细化以下要求：

①全体观察老师。每人只观察 1 个样本学生组，详细记录数据。

②观察"评价形式"运用的老师。记录本组自评、互评、班评人次，教师评价次数。分析评价形式的频率及时机是否恰当。

③观察"评价工具"运用老师。记录学生什么时候、通过什么途径知道评价标准的，评价标高是否合适，标准出示时机是否恰当。

④观察"评价情境"运用老师。记录个体检测、相互检测、全班检测人次。分析本课检测形式及使用时机是否恰当。

⑤观察"评价结果运用"老师。记录本组掌握 4 项技能的优秀、良好、及格、不及格人数，算出 4 项优良率。默认三分之二学生达优良级，本课合格。如果优良率不足，老师用什么策略补救，效果如何。

⑥测试运动负荷老师。记录样本男、女生各时段心率，分别算出平均心率，及练习密度、运动密度。对比区上要求判断负荷是否达标。若不达标，需要找到问题根源。

⑦全体观察老师。课后抓紧汇总 5 类观察数据，依次判断各项评价任

务的实施、设计是否合理有效。出现无效指标应提出整改建议，随后，使用第三轮的量表。

在七年级的第 4 个班进行第四轮课堂观察。课后大家一致认同：评价任务表述清楚，与目标对应性强，有具体评价量规，可操作性强，在学习环节中基本做到逐一落实。量表的设计和实施都基本达到合理有效的观察要求（见图 5.1）。

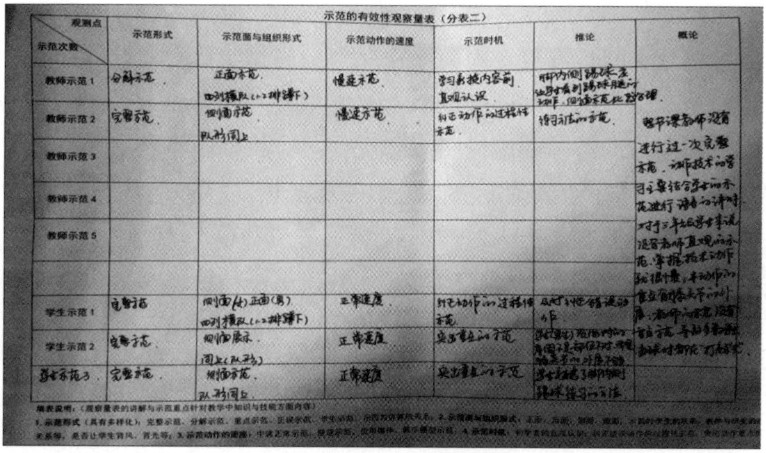

图 5.1　教师自制观察量表

在运用主题观察量表打造的《篮球体前换手运球》一课上，成都冠城实验学校教师巧妙运用学历案思想，做到了教学思路清晰，教学环节紧凑，在老师们努力下，课堂小组合作实用有效，重难点也得到了逐一突破，课堂活动氛围浓厚，学教评一体化得到了充分体现，较好达成了本课目标。在教学中，以观测"评价任务设计实施的有效性"为主题的校本研修活动同步进行。成都冠城实验学校初中部体育教师分成 6 组，运用 6 项观测工具，收集课堂实证资料，为论证上述课堂"评价任务设计实施有效性"提供证据。2019 年 12 月，在成都冠城实验学校承办、四川省教科院主办的省级课题"高品质学校建设的探索与实践研究推进会"暨校本研修现场观摩活动中，展示了《篮球体前换手运球》的教学与校本研修过程，得到指导专家的高度评价。这节课也获得了成都市温江区初中体育学历案标杆课决赛一等奖、成都市温江区中小学综合学科学历案标杆课总决赛一等奖。

获取专业指导的途径不仅仅是聆听专家报告，还可以与同行进行基于教师专业生活现场的教育对话，对话过程隐含着价值选择、思维启迪、观点碰撞，因此具有深刻的教育意义，被誉为教师发展的"阿基米德支点"。在教育对话

的过程中，双方不断在教育理念和教育生活上产生互动共振及和谐共鸣，创生出有价值的观点，走向知行合一，实现智慧通达，形成优势互补的共赢互助模式。

（二）专业对话，激发教育智慧

陶行知说："生活与生活一摩擦便立刻起教育的作用。摩擦者与被摩擦者都起了变化，便都受了教育。"教育研究也是如此，学校要倡导教师通过同事间的专业对话激发教育智慧，提高专业能力。佐藤学认为，教师并非独自一人在学习，而是在教师的共同体中成长，这种共同体可以用"同僚性"来形容。当学校以"同僚性"为基础进行组织和运作时，教师团体就演变为"学习共同体"，在这个共同体中，教师能更好地学习和成长。

积极的对话不需要浮于表面的"默契"与"和谐"，需要的是全面、真实的碰撞。成都冠城镇实验学校高中部语文教研组长马振伟在一次大会上讲道：

> 团队协作的关键在于谦虚地听，自信地做。"三人行，必有我师焉"，在团队中，每一个同伴都亦师亦友。我们要虚心地听取他人的意见和批评，也要真诚地对待他人的问题和错误，不诿过不揽功。当然，自信与谦虚有时似乎是一对矛盾体，对于他人的意见和批评，我们应该理性地审视，如果他人说得对，我们自当改之；如果他人说得不对或不适合自己，那就应该坚持自己。听要谦虚，做要自信，只有这样，团队才能保持和谐，个人才不至于迷失自我。在高2019届语文教研组的教研活动中，钱洪发老师和陈玉婷老师曾为一个作文题争得面红耳赤；每次考试后我们都会分析试卷，真诚地交流意见，虽然时不时会有言语碰撞，但大家从不挂怀于心。教研组气氛和谐，学生的成绩自然不会差，在"三诊"中我们取得了优异的成绩，在高考中，我们的年级语文平均分超过了110分。

以成都冠城实验学校初2020级语文备课组的实践为例，开学初，初2020级语文备课组要申报本学期老师的转转课，初中语文教研组长李继常提议老师们不要选近三年上过的课文，而是选择一篇新课文来挑战自己，最好是选一篇自己有点"怕"的课文，即教材新编入的课文、经典课例比较少的课文、自己不太擅长的类型的课文，等等。李组长表示，希望老师们通过本次转转课促进自己教学能力的提高。近几届的转转课，初2020语文备课组一直尝试的是同课异构的模式，即把备课组教师分为几个小组，让小组内教师教同一篇课文，从而活跃小组内的教学研讨气氛。例如，2020~2021学年上期，老师们通过自由"组团",分成了两组,并分别申报了转转课:史铁生的《秋天的怀念》,授课老师为李庆、李雪莲、王晓玲;莫顿·亨特《走一步,再走一步》,授课老师为谢俊昭、李继常、李静书。

转转课安排在固定教研时间——周二上午,之所以定在这个时间,是为了让备课组全体教师都能来观课议课。在观课环节,授课老师简要介绍了自己的教学思路;在议课环节,听课教师真诚地发表了自己的意见。在观课议课的过程中,因为同课异构的"摩擦",备课组教师进行了更为直接的思维碰撞,每一位老师直面自己的教学成果,从而明确改进教学过程的方向。按照惯例,在转转课结束后,教师需要将修改后的课件等教学资源统一上传到语文备课组QQ群,实现资源共享。

二、与学生对话

荷尔德林在《远景》中写道:"当人的栖居生活通向远方,在那里,在那遥远的地方,葡萄闪闪发光。那也是夏日空旷的田野,森林显现,带着幽深的形象。自然充满着时光的形象,自然栖留,而时光飞速滑行。"在教育活动中,师生的交往是一种思想的交流,是一种思维的碰撞,更是一种情感的互相滋润。师生关系需要实现情感与理性的新型融合,从而实现现代性转型,促进实现各自的升华。[①] 教师在与学生的对话中获取有用信息,并将有用信息内化成对学生和对教育更深刻的理解;学生在与教师的对话中可以获得学业和生活上的指导。师生之间心手相牵,互相滋养;诗意对话,心弦共响。

(一)心手相牵,相互滋养

德国哲学家雅斯贝尔斯说:"教育的本质意味着:一棵树摇动另一棵树,一朵云推动另一朵云,一个灵魂唤醒另一个灵魂。"在师生交往的过程中,师生间的对话,增进了对彼此的了解,也影响着彼此。最好的师生关系是相互滋养,即教师给予学生智慧与情感的滋润,学生给予教师尊重与敬爱。师生间的对话是相互的。

> 公开课上我给同学们做实验,实验成功后他们报以热烈的掌声,实验之简单不足为奇,而他们的掌声之热烈是我从未听到过的,其中一个孩子

[①] 潘希武. 教师专业道德:师生关系现代性转型中的构建[J]. 教育学术月刊,2014(05):80-85.

在我离开时大声说:"晏老师,我会永远记住你的。"大课间结束回教室的路上,总有孩子主动来牵我的手,有时寻求温暖,有时付出关怀。50米的过道我们轻快地前行,欢歌笑语随脚印洒了一地。有时会碰见一个爱玩纸飞机的孩子,不知道他的名和姓,但总能见他激动地对我说:"老师,我的飞机能飞好远!"只见男孩"嗖"地一扬手,然后朝飞机飞奔而去。有个孩子因上了一节对称图形的课,就用剪刀剪出个大白,举着又白又胖的大白,用机器人的声调对我说:"晏老师,您好,我是大白,您的私人健康顾问。"从教二十年间也曾动摇过,彷徨过,每当这个时候,孩子们对我的鼓励成为我坚守的动力。感谢那纯真的暖语,感谢那温暖的手儿,感谢那如箭般的飞机……你们就是属于我的"大白"!(小学部 晏雨)

爱尔兰作家巴克莱在《花香满径》中写道:"幸福生活有三个不可缺少的因素:一是有希望,二是有事做,三是能爱人。"当教师得到了学生的尊敬、认可和热爱,当教师通过自己的努力帮助学生获得生长,他/她就会感到幸福。

他做作业总是特别慢,就像一只小蜗牛,趴在那里,一笔一画地写着字,写出来的字却又大又丑。他似乎从未给我交过完整的作业。他总是用怯怯的眼神看着我,咬着嘴唇,低着头,摆出一副歉疚的样子。我柔软的心就这样被打动了,我小心地维护着孩子的自尊心,毫无倦怠地坚持鼓励、耐心辅导,拉着他的小手欢快地穿梭在教室和办公室之间。那以后,他的眼睛里总是亮亮的,他的嘴角总是上扬着,他也越发努力地趴在那里写着字。毕业后的一个教师节,我收到了他的来信,他在信中说"我可以按时交作业了。老师,谢谢您!是您曾给过我自信,给过我勇气!"读信的时候,我不禁泪眼模糊。原来花总要开的,或早或晚,拥有某个契机,孩子就展翅飞翔起来了!我们要做的就是耐心地陪孩子,用心地爱孩子,让我们适当地放慢脚步吧,所有的天使都在来的路上。(小学部 贾月娇)

朱自清曾说:"能爱学生,才能真的注意学生,才能得学生的信仰;得了学生的信仰,就是为学生所爱。那时真如父子兄弟一家人,没有说不通的事,感化于是乎可言。"教育的关系是一个成人和孩子间的意向性的关系,在这种关系中,成人的奉献和意向是让孩子茁壮成长,走向成熟。[1] 生活里最为普通平凡的温柔举动让师生的关系变得更为和谐融洽。人们常说教育孩子需要静待

---

[1] 〔加〕马克斯·范梅南. 教学机智:教育智慧的意蕴 第2版[M]. 李树英译. 北京:教育科学出版社,2014:73.

花开，更需默默耕耘。教师在教育的过程中，要尽心呵护每一朵花，在细水长流的陪伴中注入关心、耐心、爱心、信心的养分，促进花朵向阳而开。

通过师生对话，教师可以更好地把握教育契机。教育契机是指对学生进行某种教育解决学生某个问题时的最佳时机。它可以是一件事、一个瞬间、一种氛围、一种心动。优秀的教育者会留心并抓住教学过程中某个独特时刻，利用其中隐含的教育价值，把握时机，用智慧的对话去唤醒、启发受教育者。

我看着他，心里想着：你在这个关键处"卡壳儿"，时间怎么够用？一会儿下课了都讲不完。我想上前去请他下来，可又一想：孩子那么认真，那么有诚意，再给他一点时间吧！全班同学也都在耐心地等待着他的答案。在我犹豫不决之时，他转向黑板，自信地写出了第二步算式并说明了理由，他满意地望着我，望着全班。这时，全班同学不约而同地拍起手来，这掌声代表着赞赏，代表着认同，代表着鼓励，男孩心满意足地走下讲台。在后排观看的我激动不已，我大声地表扬男孩：在困难面前不轻易更深刻的认输，坚毅倔强又沉着冷静。我也表扬了全班同学：尊重同学，耐心等待并懂得欣赏和鼓励。虽然解决这道题花费的时间比我单讲要多几分钟，但我骄傲地告诉自己：你的教学是成功的，你的学生通过一道题找到了学习的乐趣和信心，也感受到了在宽容与等待中共同进步的重要意义。（小学部　晏雨）

教育并不是要将每一个孩子都打造成相同的模样。因材施教也并不是简单的扬长避短，教师要尊重每一个学生，要认识到每个学生都拥有属于自己的个性，更要遵循每个学生独特的追求与渴望。

（二）诗意对话，心弦共响

诗意的对话会让教育教学活动的价值得到升华。成都冠城实验学校师生用诗歌献礼祖国，用诗歌拉近关系，建起美丽校园。2020~2021学年上期，当时的初一（1）、（2）班共同负责了一个国旗下诵读的活动，主题是"爱祖国，爱成都，迎大运"。爱国之诗比比皆是，但要与成都和世界大学生运动会（以下简称"大运会"）联系起来的，确实找不到。于是，上述两个班级的班主任张慧茹、陈洪以及语文老师李静书，带领两个班同学一起创作了一首诗，大家同心协力，将校园文化和体育盛事融为一体。

献礼祖国！献礼大运！

成都冠城实验学校初一（1）、（2）班师生

九月的风酿桂蜜，九月的雨润月明
捧着崭新的课本，琅琅书声透出窗棂
扯下一缕时光，揉进岁月静好；
捧上一颗真心，凝聚赤子深情：
我爱你，我的母亲！
我爱你，我的伟大的祖国母亲！

蘸着墨池的水，我想为您写一笔，
骄傲的，苍劲的，那"中"字的一笔，
是你——庄严肃穆，冉冉升起；
是你——忠诚纯正，龙的传奇；
流畅的，灵动的，那"中"字的一笔，
是我——拜水都江堰，问道青城山；
是我——成冠学子，大气骨气争气；

描画着善问的线条，我想为您写一笔，
绿色、智慧、活力、共享的魅力。
明年八月，最火热的时光里，
成都大运会，必现盛世传奇。
你看，举起燃烧的火炬，
太阳神鸟，欲上青天揽明月；
你看，迈着矫健的步伐，
蓉宝熊猫，有朋自远方来不亦乐乎。
你听，高唱的青春歌曲：
在成都，成就每一个梦想！

看着教学楼上大写的校训，我想为您写下一笔，
喜迎大运，
我想用我的热爱写下可爱的一笔，
用心参与，奉献自己的一份力；
喜迎大运，
我想用我的积极写下骄傲的一笔，
具有中国灵魂和国际竞争力；
喜迎大运，
我想用我的阳光写下自信的一笔，
那一笔就是：会当水击三千里！

祖国啊，我最爱的母亲！
祖国啊，我最依恋的母亲！
我郑重地写下爱你的每一笔：
我们成冠儿女，要把青春献给您！
我们成冠儿女，要把青春献给您！

诗是语言之魂，诗是心灵之花。德行天下，诗化人生。诗意对话是诗意教育的重要表现形式，着力于打造学生的精神家园。成都冠城实验学校高中部语文教师任重衡为他所教的班级建立了一个微信公众号，用以发布师生创作的优秀诗歌作品。

这是今年成都平原上的第一场雪，应该也是最后一场。老师们纷纷驻足惊叹，雪后的校园竟镀上了一层五光十色的银，像极了一个未曾亲晤的梦。于是手机留念，相视一笑。我从成年人的眼中读出了一丝渴望，那么，孩子们的心中又填满了多少憧憬呢？当机立断："这个大课间，咱们不自习，同学们，一起去校园里看雪、拍照、打雪仗吧！"欢呼声纷扬于内外，白雪分明，眼里有光。

一群年少的男孩女孩在雪中嬉戏，这是我见过的最动人的画面。

"有梅无雪不精神，有雪无诗俗了人。"卢梅坡如是说。既如此，来一堂语文诗课吧，让我们用文字注入雪之灵魂，用公众号记录雪之芳华。

且看同学们的妙笔——

你来了，你走了
短暂的生命
永久的欢乐

——赖云洁

倘若我是你
我会飞向世上最暖的地方
不怕消融
只为让他一见

——张思娅

一朵朵的雪花
落在树上，落在草丛中
不紧，不慢
这年的第一场雪
不喜，不悲

——陈紫璇

其中有一首小诗，我的印象格外深刻。它来自曾波（化名），诗名为《雪与炭》。初读此诗，掀不起心中的半卷涟漪。可是如果我告诉你，作者自小患有阿斯伯格综合征，内心极其孤僻，难于与人交流，更难于用文字和语言表达情绪，你或许同样会被他纯净的心灵悄然震撼。

雪，你的白色
炭，你的黑色
白色，让我陶醉于梦的仙境
黑色，让我沉浸在温暖的家

雪，就让你融化的冰水，流到地下
炭，就让你燃烧的灰烬，飞到天上——
去到我向往的远方！

我以为，那个沉默的少年淡泊了人间欢喜，可我分明从诗中读到他心如明镜。怀着暖暖的感动，我为他写下评语："一个用白色发光，一个用黑色造热。一个来自天上，去往地下；一个来自深土，去往苍穹。一个不甘为冰后雨,一个不愿做山下灰。它们都有各自的思想,像你一样。"

谁能想到,一场雪花,竟也带给我们这么多的快乐呢。读诗读文,读雪读人。你是否,也有一片心雪?天寒莫畏,添一把柴薪。

品读评析学生的诗作,这是语文老师日常的教学工作之一,读诗读文,读人读心。朱小蔓指出:"人与人之间心灵沟通的过程,教师用心灵去感受学生,甚至把全部心灵献给孩子的时候,学生精神建构的过程才成为可能。"[1] 师生之间通过诗意对话,走向远方,建设出令人向往的班级精神家园。卢梭在其名著《爱弥儿》中说道:"学生看不到教育的发生,却实实在在地影响着他们的心灵,帮助他们发挥了潜能,这才是天底下最好的教育。"多种多样的师生对话,不仅丰富了学生对于自身和世界的认识,也使教师更加清醒更加感性地领悟到教育的真谛。在充分的师生对话之中,教师和学生一起,共同营造出了教育应有的氛围,建设出一个让心灵可以依存的诗意栖息地。

三、与自己对话

教师的每一段经历都会在自己的教育生涯中留下或深或浅的痕迹,这些痕迹大部分会随着时光的流逝而消失不见。如果教师能够通过与自己对话,把自己教育生涯中的经历转化为经验,必将获得长足进步。"人的存在的力量和奥秘既存在于人为自己创造的各种表达形式中,也存在于未说出和未宣布的事物中,存在于沉默不语和不可言喻之中,存在于无法表达的意识活动之中。"[2] 如果教师在阅读书籍、反思课堂时能够有意识地用审视的目光、从他者的角度去剖析自己的教育教学活动,就意味着对自己旧有教育理念的批判,也意味着迈向更理想的教育。正如叶澜教授所说:"一个教师写一辈子教案不一定成为名师,如果一个教师写三年反思可能成为名师。""教师对职业活动的反思、在职业活动中的反思和为了更好地从事职业活动而进行的反思会使他在自我觉察的反思中寻到自己发展的有效途径。"[3]

成都冠城实验学校引导教师进行自我反思,这种自我反思不仅仅停留在教学技艺层面,还让教师站在生命理解的层面上反思教育的价值、原则和策略。

---

[1] 朱小蔓.走向心灵的德育[J].上海教育科研.2007(04):1.
[2] 〔美〕A.J.赫舍尔.人是谁[M].隗仁莲,安希孟,译.贵阳:贵州人民出版社,2019:12.
[3] 叶澜等.教师角色与教师发展新探[M].北京:教育科学出版社,2001:90.

教师与自己对话，在反思中切身领悟教育和生命的真谛，沉淀教育实践的智慧。

"博学之，审问之，慎思之，明辨之，笃行之。"《礼记·中庸》的这段话既揭示学习的有效途径——"问""思""辨""行"，也强调了"悟"的重要性。与自己对话是指，在思考中把自己作为"问"的对象，将自己的行为作为"辨"的内容，也就是人们常说的"反思"。通过积极的思考，反思者可以更清醒地认识和分析自己的能力，规划自己的未来。教师与自己对话，不断为自己答疑解惑，可以不断提升自我成就感，从而更积极地面对和接纳真实的自我，更乐观地面对和迎接教育中不断出现的挑战。通过与自己对话，教师理想中的自我被唤醒，从而被激励着不断努力，积极上进。

  近几年我校的教育改革似乎从未停止，如智慧课堂、翻转课堂、小组合作、微课教学、自主学习、项目式学习、学历案等，课堂模式不断上新。我时不时让自己慢下来，想一想，看一看，我的教育该往何处去？教育是孤独的，只有自己走，才能体会其中奥义；教育也是温暖的，不仅温暖自己，还要温暖学生。人在接受教育之后，人生才能绽放光芒，这个时代需要教育温暖人心，教育能让人变得坚定而勇毅！（小学部　李玉庆）

时代不断地发展，新的教育理念与教育模式层出不穷。教师既要走出经验主义的舒适区，勇敢地去尝试与改变，也要守住教育的根本，守住初心，立足岗位，砥砺前行。

  每一堂课，都要当成公开课来上。紧抓课堂质量，提升课堂高度。余映潮老师说过："耐力是一种智慧，韧性就是激情！"王君老师把自己几十年的人生际遇和老师们的困惑联系起来，创作出了一首首自述诗、督导文、启示录。王君老师的作品激励着我们，带给我们强大的精神力量。（初中部　李雪莲）

美国作家塞缪尔·厄尔曼说："人人心中皆有一台天线，只要你从天上人间接受美好、希望、欢乐、勇气和力量的信号，你就青春永驻，风华常存。"青春虽然短暂，但即使年华不再，教师依然可以在教坛之上追求生命的精彩，与时俱进。

  我想成为心怀梦想、热爱生活、敢于挑战、乐于创新，永远青春的语文教师。上学期，我参加了成都市组织的赛课，选择了《湖心亭看雪》这篇已经有很多名家上过的文言文为赛课课文。在备课过程中，我不断追求

创新，尝试摆脱名家教学模式的限制。最后，我选择采用群文阅读的教学模式，希望收获一些意外的惊喜。（初中部　李静书）

李老师在赛课后坚持钻研群文阅读教学模式，并总结道：

"凝一心"——如何确定一个议题？议题类型丰富，同样的一篇课内文章，根据不同教学目标可以确定不同的议题。那么，怎样才能确定一个较为恰当的议题呢？首先，从"小"入手，分析这个课内的"1"的教学目标。其次，从学生入手，分析学情。最后，从"大"入手，即初中语文教学的整体规划甚至是基于学生终身发展、终身学习的要求来考虑。

"聚N文"——如何选择文章？蒋军晶老师认为群文最应该强调的是它的互文性，在选择文章时具体的标准就是根据"1"的特点，选择与"1"联系很密切的文章。这种联系简单地说就是"有同有异"。文章的选择上还可以考虑到以下因素：初高中的衔接、经典的优先性、文章的多样性。

在尝试群文阅读教学模式的过程中，李老师的收获不只是掌握了新的阅读教学模式技巧，正如她所说："这节'任性'之新课入围了决赛，大大地提高了我的信心！我一直记得王君老师对'青春语文'的阐释：'青春之语文，是恪守最不完美的创新也比最完美的守成伟大一百倍之信条！'""创新"是教师不懈前行的动力，是教师开启更理想自我的密码。对此，李教师在她的论文中如是说：

首先，只有勇于探索才能打破僵局。在尝试"1+N"群文阅读教学的过程时，一开始，我不知道从哪里才能切入"正题"。茫然无措时还是到书本里去找寻方向，我研读了《全国第4届群文阅读种子教师体验式研训活动研习手册》《香，沁书案——群文阅读教学课例集》《让学生学会阅读——群文阅读这样做》《群文阅读起步走——教学设计集》四本书，还请教了语文教学上的专家和前辈，终于让群文阅读在脑海里形象起来。于是才有了"议题的确定""文章的选择"两个方向，终于打破了僵局。我想语文教学课程在不断地改革，作为一名一线教师，不能消极不能懒惰，只有不断地学习，提升自己的专业技能，大胆地去创新、去尝试新的方法才能更加有益于自己的教学工作，有益于自己的学生。

其次，终身阅读是教师个人修养的基本要求。在文章的选择过程中，我大量地搜索并阅读诗歌文章。在传统的单篇课文教学中，一本教学参考书基本能够应付一节精读课。而群文阅读教学考验着教师的阅读视野、品

味以及阅读教学理念，所以我们践行群文阅读教学就是心甘情愿"被逼着"阅读。传统的经典著作加上"江山代有才人出"的大量新作品，只有不断地阅读方能不被时代抛下。我们要少刷手机，多翻书本，真正起到"学高为师，身正为范"的教师模范作用。

最后，教学的真谛是什么？我们不断地专业学习，各种理论各种模式的不断尝试，虽然答案仍然在前方，但我们达成的共识是：学生学习方式在由接受型学习走向自主、合作、探究型学习。群文阅读教学对老师提出了更多的要求，怎样设计巧妙的问题环环相扣、层层深入，既能激发阅读兴趣，又能指引阅读方向从而达到有效的阅读？一节课上"N"篇文章，如何大胆取舍，如何合作探究都需要教师更高的教学艺术。我现在只是一个新手，在模仿着已有的课程类型，但我相信，经过不断尝试、不断提升，定能在群文阅读教学中收获更多的经验，打造出更具个性的语文课堂。

对于青年教师而言，与自己对话，更好地了解自己，能够使自己得到成长。"认识学生和学科主要依赖于关于自我的知识。当我不了解自我时，我就不了解我的学生们是谁……当我不能够清楚地了解学生时，我就不能够教好他们。当我还不了解自我时，我也不能够懂得我教的学科——不能够出神入化地在深层的、个人的意义上吃透学科。"[①] 可见，教师只有审视自我，才能窥见本源。教师只有在实践与反思中认识自我、激励自我，才能遇到更好的自己。正如著名作家周国平所说："我将永远困惑，也永远寻找，困惑是我的诚实，寻找是我的勇敢。"教师在提高自身专业水平的过程中，坚持与自己对话，敢于挑战、不懈追求，努力创新，才能更好地应对职业生涯中的困难和挑战。

反思让教师以研究者的眼光对教学活动进行积极、不懈的探究。教师在课堂教学结束后认真地反思，分析自己和学生在课堂中的表现，深入评价和探究课堂教学的每一个环节，归纳和总结经验。子曰："温故而知新，可以为师矣。"教师在反思自己的课堂教学实践时，可以从中得到新的理解和体会，了解自己的优点和不足，从而修正自己的课堂，不断提升教育理念，发展教育技能。

在成都冠城实验学校，"学生自主管理"的理念可谓深入人心。在该校的德育工作中，班主任一直坚持践行这种理念，学校也形成了"学校、学部、年

---

① 〔美〕帕克·帕尔默. 教学勇气 漫步教师心灵 [M]. 吴国珍等译. 上海：华东师范大学出版社，2005：3.

级学生自主管理"的三级管理模式。对此,该校教师谢俊昭幽默地说:"自主管理做得好不好,就看我们班主任'偷看'次数少没少。"为了真正实现学生自主管理,成都冠城实验学校的老师做了很多努力。每个学期,各年级均会开展相应的学生活动。例如,某学期,学校在初中一年级开展了以班级为单位的国学诵读比赛。在这次的比赛中,时任初中一年级年级组长的谢俊昭建议各班班主任大胆放手,让学生干部组织活动,在赛后的总结会上,老师们纷纷感慨自己对学生的能力有了新的了解,对于"学生自主管理"也有了更深的认识。初一某班班主任陈洪说:"正式表演前我都在担心,虽然也看过孩子们的彩排,但总觉得自己还要做点啥,结果看来,孩子们确实比我们想象得更能干!其实'放手'并非放弃,而是在充分调动学生的自主能力的同时,自己也进行'打杂'式参与,从原来的学生当老师的助手转变为老师当学生的助手。这次,我的感触确实很深,很多时候,并非学生没有这个才能,而是我们没有给他们这种锻炼的机会。"

真正的知行合一,不是用口号给自己的教育工作上贴一个"高大上"的标签,也不能仅仅浮于表面,而是要在实践中反思。深谙知行合一之道的教师会在日常的工作中反思自己的教育行为,从而更深刻地理解教育。

> 于老师在书中写道:"实践使我知道了教语文其实并不那么复杂,(教语文)就是教学生扎扎实实地识字、写字、读书、作文。"我在学生面前板书时,总是严格按照笔顺,力求做到尽量书写规范。作为一名语文老师,要想让语文教学变得很简单,我认为应该做到静心修身,守好自己的道,不断追求进步。只有我们先提高自己的文化水平,才能够带领孩子们走进那个充满知识、充满乐趣、充满诗书芬芳的语文世界。(小学部 李娟)

怎样的教育才是好的教育?这是一个具有开放性和发展性的问题,答案仁者见仁,智者见智。对于上述问题,我们应该从受教育者的角度去思考。教育其实很简单,我们只要勤于思考,善于发现,敢于实践,就能增长智慧,提升能力,从而成为更真诚、更有智慧的优秀教师。

正如李政涛所论:"教师的内心也拥有自己的宇宙,它的辽阔和深厚同样让人尊重和敬畏……不应因对孩子宇宙的阅读而淡化了对教师宇宙的阅读。教师对学生的阅读和研究,从来不可能与对自身的阅读和研究分开。"[①]反思可以

---

① 李政涛. 重建教师的精神宇宙 [M]. 上海:华东师范大学出版社,2014:87-88.

让教师更深刻认识自己，帮助教师了解自己在教学上的不足并做出改进，从而提高教师的教学能力。

教师在反思中要以学生为中心，相信每一个学生都是独一无二的，试着去理解学生，走进他们的内心世界。教师应该清楚认识到教育就是与学生融洽相处，而融洽相处的前提便是理解和尊重。教师因为长期从事教育教学工作，往往习惯性地充当教育者，忽视了与学生的平等对话。根据马斯洛的需求层次理论，学生渴望被理解，因为被理解意味着被尊重，学生可以通过别人对自己的理解生成自我理解，从而促进自我实现，让学生感受生命的价值，体验生命的意义。教育是以理解为前提和基础的，正如金生鈜所说："教育不论在任何意义上，都是以理解为基础的，没有理解，教育是不可能的。"[1]

教师站在学生的角度反思教育教学活动，会得到更多更有用的信息。教师站在学生的高度反思教学教学活动，可以更好地理解包容学生的各种表现，使师生关系更加和谐。成都冠城实验学校初中部教师田佳灵在《学会有效沟通，再得孩子信任》一文中介绍了自己在看海姆·G.吉诺特的《孩子，把你的手给我》一书时的心得体会。她在反思中清醒地认识到自己与学生交流时存在的问题，发现很多老师在与学生沟通时常常会打着"为了孩子好"的旗号，但他们在与学生交流的过程中并没有真正地为学生考虑，缺少对学生的生命关怀。

在《孩子，把你的手给我》一文中，田老师回忆了自己从前和学生们的交流模式，想象了与学生平等交流的场景，思考哪一种教育方式对孩子更好，更有温度。在不断反思的过程中，田老师加深了自己对学生的理解，对"尊重"的内涵也有了更深刻的体会。

在与学生的进一步对话中，田老师仔细回忆自己与学生对话时的情景，为自己曾不自觉批评学生而感到惭愧。她表示，在未来与学生交流的过程中，她将改正自己的不足。尊重学生，与学生平等交流。

成都冠城实验学校教师郑静在阅读书籍《正面管教》后，深刻反思了自己与学生的交流方式，对于教师的智慧表达和情绪管理有了更进一步的思考：

> 作为一名教育人，多年来我一直保持着阅读的习惯，认真研究教育教学方法，秉承爱与责任并举的教育观念，以让学生快乐发展为目标。在阅读《正面管教》的过程中，我不知不觉地步入了一个令人豁然开朗的新世界。我意识到，我过去的很多做法、想法都是错误的，同时也清楚地认识

---

[1] 金生鈜. 理解与教育——走向哲学解释学的教育哲学导论［M］. 北京：教育科学出版社，1997：58.

到，今后应该怎么做。

按照书中的指引，我在纠正学生的行为之前，先想办法赢得学生的心，以和善而坚定的态度，和他们一起探讨解决矛盾的方法。这样做以后，学生对我不再抗拒，也开始对我敞开心扉，并提出了很多理智的、可行性高的办法！

教育智慧的沉淀需要建立在教师不断反思自己的基础之上，需要教师不断地质疑自己的立场。当今世界是一个独特、多元、开放的世界，在这样的时代背景下教育应该从容地开展。全息对话让教师全方面地进入了教育的世界，积极的对话让教师更理性地认识了自我，更全面地了解了学生，也更深刻地理解了教育。

第二节 教育智慧的叙事表达

雅斯贝尔斯说，教育是人的灵魂的教育，而非理智知识和认识的堆砌。康德说，人只有通过人，通过同样是受过教育的人，才能被教育。教育是培育人的事业，是用一种智慧点燃另一种智慧的事业。教师被誉为人类灵魂的工程师。因此，教师要提升个人素质，实现专业素养与身心发展的和谐统一，促进教育智慧的生成。人之"事"与人之"心"无法相分，"心"既制约"事"，也在"事"的展开中丰富、深化、发展，这一过程具体表现为历事以练其心。[①]教师在实践中所生成的教育智慧是教师能力与素养的综合体现，培育"智慧型"教师是新时代信息快速发展、技术迭代、教育变革加速背景下的必然取向。

要生成教育智慧，需要以教师在教育实践中所面临的基本问题为切入点，从教师的实践经验提出升华教育实践的基本内容。具体而言，教育智慧包括理解的智慧、平衡的智慧、转化的智慧和创造的智慧。

一、理解的智慧

理解的智慧是指，教师对自身在教育实践过程中表现出的对教育所涉的人

---

① 杨国荣."事"与人的存在[J].中国社会科学，2019（07）：27—42.

与事的一种透彻的理解。包括对教育实践、教师自我与学生的理解。处于生长期的学生所呈现出来的"现象",未必就是他内心的现实表现,约翰·杜威认为:"认识到生活就是生长,这就使我们能避免所谓把儿童期理想化……不要把生活和一切表面的行动和兴趣混为一谈。"① 学生们爱好和兴趣的萌发、增长、固化和衰退,处于不断变化之中。教育实践从根本上看是引导生命成长的活动,教育实践的中心是人,教师理解的智慧,在根本上是对人的生命的理解。包括对人的本质的理解,对人的生理、心理、情感、道德成长规律的理解,可以认为,有什么样的生命理解,就有什么样的教育实践。理解的智慧在教师的反思中有所体现。

苏霍姆林斯基写了《要相信孩子》,他认为每个儿童都有自己的爱好和长处,有自己的先天素质和倾向。教师必须创造条件,使每一位学生都能充分地发扬自己的长处。

成都冠城实验学校小学部一直以"做更懂你的教育,更好地成就孩子"为奋斗目标,教师将这一培养目标根植于心,践之于行,在教育实践过程中,和学生进行心灵的碰撞。教师努力理解和包容学生,和学生交心,了解学生的内心感受和想法,然后进行适度的引导和教育。这些举动不仅增进了师生之间的感情,也增强了学生对教师的信任。

《韩非子·和氏》:"王乃使玉人理其璞,而得宝焉。"每一位学生都是一块璞玉,需要老师用心去雕琢。每一位学生都渴望得到老师的关注和理解。成都冠城实验学校高中部教师彭小平在与学生的日常相处中,作为班主任的她,将"看到"作为治班策略,做到了"眼中有学生,心中有学生"。

作为班主任首先应该看到学生作为个体生命的风采和价值。他们都是有血有肉、有个性、有需求、有尊严的独立生命体。如果我们不懂得欣赏他们的生命风采,尊重他们的生命个性,又凭什么去要求他们,去引导他们呢?他们又凭什么听我们的,凭什么尊重我们呢?所以,我们要先看到学生作为个体生命的风采和价值,尊重他们,然后才能让他们亲其师,信其道。

教师如何发现学生的风采和价值呢?我是从一份调查问卷开始的。在咨询了学校的心理教师以后,我简单地制作了一份学生入学情况调查问卷。这份问卷主要包括 4 个方面的内容:学生个人及家庭的基本信息、学

---

① 〔美〕约翰·杜威. 民主主义与教育 [M]. 王承绪译. 北京:人民教育出版社,2001:61.

生在之前学校的学习和社交情况、学生对班级建设的看法、学生对教师和家长的期待。

接着，我向全班 48 名学生发放了调查问卷，梳理了他们的基本情况。通过这种方式，我了解到了他们在家庭中的情感来源，知道了他们的软肋、铠甲和底线。在和他们沟通交流的过程当中，我绝不会去触碰他们的底线，这样可以让他们随时感受到我对他们的尊重。

教师的职业角色要求教师必须理解人的生命，尊重每一位学生，把握每一位学生的成长规律。同一个的学生虽然年龄相近，但思想性格、家庭背景各异。每个学生在成长的过程中都会出现各种各样的问题。班主任教师要带着宽容和关爱，理解包容学生，和他们充分沟通，探寻每个学生出现问题的原因，呵护学生的幼小心灵，才能真正得到学生尊敬和信任，帮助他们获得真正意义上的成长与蜕变。

彭老师深谙上述道理，她从一份调查问卷开始，了解了班级每个学生的具体情况，尊重学生人格，设身处地为学生着想，对于敏感脆弱的学生，她及时地加以引导、表扬、鼓励，让学生感受到来自班主任的信任、尊重和喜欢，从而唤起学生的自尊心、自强心，激励他们发奋学习，战胜困难。

每一个生命都值得被尊重，我在一一了解全班 48 位同学的个体生命风采和价值后，开始了解他们对班级建设的看法。在此基础上，我把高一上学期的班级建设目标分为两个阶段：第一阶段是了解每一位学生，建设团结快乐的班集体；第二阶段是完善班级管理机制，形成沉静向上的学风。

为了体现我对同学们的尊重，我提议全班同学按自己的兴趣或特长成立班级特色小组。于是我们班就有了如下这些特色小组：经济与法律小组、哲学研究小组、二次元文化分享与交流小组、文创宣传小组、电竞小组、科技小组、新闻阅读小组、美食文化宣传小组、冷知识与艺术小组，等等。每个人特色小组都开展了活动，如美食文化小组在班级元旦晚会上，教全班同学制作寿司，将元旦晚会推向了高潮。

教师对教育的理解，对学生的理解都生发于教育实践中，并在实践中得到拓展和升华。正如冯建军所说，生命型教师把教育当作实现生命意义的历程，追求有意义的教育人生，他对教育已经从外在的敬业，转化为内在的乐业。[①]

---

① 冯建军. 论教师生命发展的策略 [J]. 当代教育科学, 2006 (10): 27—30.

彭老师对学生的理解，表现在充分尊重学生应有的权利，相信学生，激发创造力和自我管理的能力之上。彭老师选择征集学生对班级建设的看法，让每一位学生都能参与到班级的规划和建设中，从而明白班级不是班主任的班级，而是学生们的班级。彭老师放手让学生自主组织班级活动，积极听取学生意见，不仅拉近了师生之间的距离，而且让学生感受到被尊重，从而学会尊重别人。如果班上一切事务都由班主任一手包办，学生就没有各抒己见和参与班级事务管理的机会，久而久之，便会失去对班主任的信任，进而产生逆反心理，不利于师生间的情感沟通和班主任对班级的管理。教师对教育的理解直接地影响着教师的教育实践行为。彭老师管理班级时能够清楚意识到教育的实质是帮助学生获得成长，充分体现了理解的智慧。

在成都冠城实验学校工作了11年的高中部英语教师杜征亚也有同样的感受。她在文章《为学生画张像》中写道："亲其师，信其道，只有走进学生心灵，才能收获成长。"

> 高一时，有个学生带了一副盖碗茶具到教室，在上课时慢悠悠地喝茶。当时他的学习成绩是全班乃至全年级倒数，英语有一次只考了39分。在高一结束的时候，我找他进行了一次深入的谈话，并帮助他对未来两年的学习生活进行了规划。从高二开始，他的表现有了明显的进步，没有了违规违纪，盖碗茶具也收起来了，老师布置的作业也都认真按要求完成。他的学习成绩有了阶梯式的进步。高三时，他的英语已经能保持在90分以上了。最终他的高考成绩也很不错，其中英语考了115分。高考成绩出来后，他的父亲专门带着他到学校来感谢老师。（高中部 杜征亚）

作为教师，教育好学生的前提是关心学生，而教师对学生的关心，则源自他们在教育实践中对学生的理解。每一位学生都渴望能得到教师的关心和呵护。教师要主动接近、关心学生，尊重他们的情感、人格和个性，让他们感受到温暖，感受被尊重，这样学生才愿意敞开心扉，向老师倾诉自己的烦恼和困惑，教师才能更好地对学生进行有效的教育。有的学生在课堂上会有一些不同寻常的举动，教师要仔细观察并找到背后原因，对学生进行心理疏导；有些学生在学业上会有一些困难，教师要耐心帮助并及时点拨；有些学生天赋异禀，教师要进行引导，帮助他们将天资发挥到极致。

教师要秉持"每一位学生都是天使，他们自有待发掘的禀赋，缺少的只是善施教化的伯乐"的教育信念，理解并关爱每一位学生。学生在成长过程中，会面临各种各样的问题，但这些问题都只是暂时的。他们的天赋或许会因为家庭情况、情感、性格、行为习惯等这些外在因素所制约和遮蔽，但教师只要留心观察，总会发现其所在。教师要尽全力理解学生，与学生心连心，成为他们的心灵捕手，尊重他们的内心，帮助他们克服成长路上的各样困难，开发他们的潜力，让每个学生都能实现个人成长。

二、平衡的智慧

在错综复杂的现实世界中，矛盾双方彼此依存，两者之间保持着一种平衡。教师的实践也需要保持一种相对的平衡状态，避免偏狭。例如，教师与学生、知识与素养、自主与控制、模仿与创造、集体与个体、公平与效率之间都有存在矛盾关系，这些矛盾普遍存在于教育实践中，相互依存又相互对立，共同构成教育实践的基本元素。教师在实践中要随时注意保持上述这些矛盾的平衡，在此过程中积累起来的经验，便可升华为平衡的智慧。

平衡的智慧是教师在实践过程中生成的智慧，这种智慧需要教师在实践中去把握与体悟。教师要依据教育实践情境的变化，灵活地调整这种平衡。这种平衡的智慧，永恒普遍地存在于教师的教育实践中。

在教学实践中，教师和学生之间的矛盾随处可见，教师如果没有处理好与学生之间的矛盾，就会出现很多问题。教师如果完全掌握了话语权，且不重视学生的感受，教学效果就会受到影响。但如果老师肯把话语权还给学生，重视学生的感受，学生往往会带给我们不一样的惊喜。以成都冠城实验学校为例，学校新荷文学社的创立和发展充分体现了教师的平衡智慧。

新荷文学社如今有近百名社员，是校内一道靓丽的风景线。新荷文学社所创办的校刊《新荷》是具有特色的青春读本，颇受广大师生的喜爱，《新荷》很好地展现了成都冠城实验学校学生的个性风采和创作水平，作品质量在成都市同类校刊中处于前列。《新荷》之所以会受到广大师生的喜爱，是因为新荷文学社指导教师邱华兰善于保持师生之间的平衡。

2013年，邱华兰接手新荷文学社和校刊《新荷》，鼓励学生参与征稿、组稿、编校以及配图等工作。在她的努力下，《新荷》从单一的作文集蜕变为内容丰富的青春读本，受到了广大师生的喜爱。

随着时代的发展，学生的思维越来越活跃，视野也越来越开阔。为了更好地发挥学生的主观能动性，在毛道生校长的建议下，《新荷》开始聘请文学社成员担任主编和副主编，不仅给他们颁发聘书，还放手让他们进行栏目创新（见图5.2）。

图 5.2 毛道生校长为《新荷》主编和副主编颁发聘书

学校鼓励新荷文学社成员根据校园热点和社会热点策划校刊主题和栏目，很多贴近学生校园生活的栏目，如"小编带你逛名校""大话成冠"等深受学生喜爱（见图 5.3）。

图 5.3 新荷文学社员在编辑部选稿

此外，新荷文学社根据办刊需求，开展了丰富多彩的社团活动，如新荷评刊会、新荷读书分享会等，得到了全校师生的高度赞扬。

《新荷》的办刊过程以学生为主体，充分体现了学生的主观能动性，是学生表达自我和展现自我的绝佳平台。

有人认为，文学社是一个安静的地方，文学社员应终日醉心于伏案写作。但文学不是只有写文章一种形式。正如新荷文学社指导教师所说，文学是一种声音，一种表达方式，一种情感寄托。从语言文字中，我们可以寻找到真正的自我，感受真正的自由，找到真正适合我们的生活方式，深化自己的认识，树立自己的志向，明确自己的人生定位，了解社会的发展，加深对世界的认识。我们在文学中一步一步地成长着，被文学滋润着。文学不是附庸风雅，它有益于人格的建立和性格的塑造。

时代在发展，社会在进步，新一代青年已经崛起，《新荷》也在风雨中砥砺前行。我们以互联网为平台，通过微信公众号与读者进行线上互动，新荷文学社的网上心愿墙也得到了广大师生的大力支持。我们的未来目标是让《新荷》走出学校，成为一本优秀的青春读本。

在新荷文学社发展过程中，教师一直在追求教学相长的平衡。充分发挥了学生的主观能动性，让学生走到台前，自主组织社团活动，选文章，进行编校等。在教师的指导下，学生的能力得到了培养，学生的成长与收获，与老师的付出保持了平衡。新荷文学社指导教师坚持把学生放在核心位置，体现了成都冠城实验学校教师对学校"培养具有中国灵魂和国际竞争力的现代人"的育人目标的践行，以及对教育平衡的追求。

三、转化的智慧

教育实践的中心任务之一是转化，即将学生的未知转化为已知，潜能转化为才能。底特利希·本纳认为，人是唯一"未完成"和"不完善"的生物，而人的这个"不完善性"或"未完成性"虽然是实践的规定性，但不等于人的确定性，人还存在一种不确定的、开放的"可完善性"。[①] 教师的教学实践智慧的核心内容之一便是转化的智慧，教师只有形成高水平的转化智慧，才能更好地开展教育实践。

学校作为教育的主要阵地，是教师培养学生的主要场所。成都冠城实验学校是一所国际水准的十二年一贯制大型民办学校，学生的学习和生活基本都在校园内进行。班级作为学校最小的行政单位，是学生学习的主要场所，班级的管理和运作，直接影响到班级教育功能的发挥和学生身心的全面健康发展。而一个班级的发展，与班主任的精心管理密切相关。班主任在教育教学实践中，应致力于把具有不同个性的学生培养成适应时代需求的新型人才。班主任要及时关注班上学生的状态，基于学生的实际情况，有针对性地引导学生，帮助学生在学习成绩、行为习惯等方面都取得长足进步。

有8年多班主任工作经验的成都冠城实验学校高中部语文教师任重衡对班级管理之道颇有心得。他在教学反思中分享了一些经验：

---

① 〔德〕底特利希·本纳. 普通教育学［M］. 彭正梅，徐小青，张可创译. 上海：华东师范大学出版社，2006：15—16.

校本研修——扎根教育现场的中小学教师实践智慧生成

按理说，新学期具有新气象与新希望。但对我而言，新学期处处是新挑战。挑战一，巨大的班级成员变动，文理分科后，我们班的学生成员变化很大，我先前贯彻并落实的班级规则可能不再有效；挑战二，垫底的学习成绩，由于我们班是唯一的一个理科平行班，学习成绩毫无竞争力可言，且大部分学生在生活习惯上也存在一些问题，班主任开展日常工作存在较大难度。

文理分科那天下午，与分入优秀班级的学生不同，进入我们班教室的同学表情都有点严肃。相较于其他班级的热烈气氛，我们班上的气氛有些沉重。

我要求同学们上台自我介绍，同学们都表得不够自信，他们在介绍完自己的兴趣爱好后，普遍会在后面补上一句"我水平不高"，如"我喜欢打篮球，不过水平不高。""我喜欢打游戏，不过水平不高。"他们的表现让我意识到，他们的信心出了问题。

基于他们的表现，我制定了班级管理的第一个目标：班级信心培养。

确定了班级管理的目标以后，任老师便马上着手去做。任老师以一封为同学们精心准备的信为"起点"，点燃学生对班主任和班集体的期许：

1. 信心起于温情期许

我给每位同学都准备了一封信，针对原班留下的学生，我根据平时对他们的了解，在信中表达了对他们的期望；针对新分入我们班的学生，我对他们表示了欢迎，也对他们进行了暖心的鼓励。我在信里告诉每一个学生，我对他们有信心。此外，我根据自己所了解到的情况，给每个学生单独配了一首小诗。我希望通过这样的方式让学生能感受到班级的温暖。

接下来，我向学生介绍了本学期班级计划。我想让学生了解我的管理原则，了解我的行为风格，理解我的班级建设规划，认同我的班级管理理念，从而认同我，对我产生信心，接受我的陪伴与引导。

一份期许能点燃一团火，让学生对班级产生期盼，他们心中的火焰才会旺盛而活泼。

2. 信心成于纷呈互动

为了重建他们的信心，我根据班上学生的情况组织了一些活动。我们班男生较多，其中有几个还是篮球校队成员，开学第二周，我组织了一场班级篮球赛；我们班同学的行动力虽不高，但想象力却惊人，于是，阳春三月，我组织了一场丰富多彩的风筝设计与放飞活动；我们班学习小组的工作却难以开展，同学之间互不服气，每月末，我都会组织一场考验团队合作的小组抢分赛，利用同学们对小组荣誉的渴望，鼓励他们团结合作。

事实证明，我们班的同学们个个都很聪明，他们之所以在成绩上建树不高，主要是因为没有养成好习惯。在风筝设计与放飞活动中，同学们普遍认为设计风筝非常简单，无须准备草图，到现场即兴创作即可。结果在活动现场，他们手忙脚乱。在这次活动结束后，我带着他们进行了反思和总结。在我的耐心引导下，同学们意识到了提前做准备的重要性，并表示在以后的学习和生活中，他们会时刻谨记事先准备的重要。

虽然错过了精彩开局，但我们还有翻盘的机会。我们会汲取教训，并为之付出不懈努力。谁能想到，在培养学生自信心的过程中，他们的学习习惯也得到了纠正。

3. 信心臻于精彩亮相

三月底，学校德育处老师安排我们班参加"国旗下的诵读"，我很珍惜这个机会。我希望能通过这个方式向全校师生展示我们班的风采。考虑到现场演出的条件限制，和集体诵读的风格需求，我撰写了发言稿。在我的引导下，同学们从文本解读到情感感知，从氛围营造到声韵磨合等都做了充分的准备。

陪伴是最长情的告白，陪伴也是最贴心的鼓励。我很乐意陪同学们一同等待，一同上场，一同谢幕，一同微笑，一同成长。

我相信，一次精彩的亮相，除了能让学生们收获来自他人的赞赏与认可，还能让他们增强对自己的信心、对班级的信心。我始终相信，老师对待事情的态度，一定会影响到学生，这便是古人所说的"言传身教"。

有了这一次的成功亮相，同学们的自信心明显增强了。在这次"国旗下的诵读"圆满落幕后，我们班的学生在每日的大课间跑操和每周的常规评比中都比以前积极了。

为增强班集体信心，任老师精心设计集体活动，并带领学生认真准备每一个活动。任老师与学生心连心，在帮助和管理学生的过程中，班级凝聚力也增强了，让学生重拾自信。

管理班级并不是一件容易的事，教师只有立足于实际，勤学善思，才能找到一条适合自己的治班策略。学生是具有独特见解和创新意识的鲜活个体。教师要充分考虑学生的具体情况和实际需求，才能更好地管理学生。教师只有从学生的实际出发，真诚地对待学生，深入学生的精神世界，关注学生所关心的问题，解决学生的困惑，才能真正帮助学生，引领学生走向成功。

在人的生命成长的过程中，总有着阻滞幸福与美好的因素。教师要排解这些因素，控制不利的一面，扩大积极的一面，利与弊本是辩证的关系，特定视野和情境下的弊可能转化为积极的因素。教师在教育实践中要以实现立德树人为目标，扬长避短，为学生生命成长的幸福完满而努力。

四、创造的智慧

教师的实践智慧包括创造的智慧。当今社会经济形势下教育工作面临着新的挑战。党的十九大报告明确指出："要全面贯彻党的教育方针，落实立德树人根本任务，发展素质教育，推进教育公平，培养德智体美劳全面发展的社会主义建设者和接班人。"党的十九大进一步明确和发展了"立德树人"的目标、任务与使命。要落实"立德树人"的根本任务，发展素质教育，必须坚持创新。

教育是一项充满创造性的活动，因为教师面对的是一个个鲜活的生命。"人要想成为有尊严的人，就应该选择富有创造性的职业，并用创造性的劳动去实现自己的生命价值，在创造性的劳动中，享受因过程本身而带来的自身生命力焕发的欢乐。"[①] 一方面，学生会因为先天禀赋、成长轨迹的不同，而在认知倾向、兴趣爱好、道德情感、意志水平、生活观念上产生显著的差异；另一方面，我们的社会随时都有新变化，为适应社会发展需要而确立的人才培养目标也一直在变，在此基础之上，教师的教学实践一直处于持续的变革之中。在这样的背景下，教师要完成教育活动必然要具有创造的智慧。

教师在教育实践中开展创造活动，并不断丰富自己的实践智慧。作为创造者的教师，面对新出现的教育问题，不能固守原有的教育经验，而是要根据教育情景和学生的变化，改进教学手段和教学方法，主动寻求突破，提高自己的认知。

说唱是当下非常受年轻人追捧的一种音乐形式，成都冠城实验学校高中部语文教师任重衡将高三语文复习的知识点编成歌词，用说唱的形式表演出来，实现了形式上的创新。

为了设计这堂课，任老师结合高三复习的要求以及学生的需求，做了如下的教学设计：

[①] 叶澜等. 教师角色与教师发展新探 [M]. 北京：教育科学出版社，2001：15—16.

经仔细梳理，我将音乐的主题拟定为：作文审题立意、写景技巧、人物塑造手法、语言运用、古诗文默写、古诗鉴赏（题材）、词派（宋词概述）、杜甫（唐诗概述），共计 8 个门类。并对创作说唱作品的相关规则进行了改良，大致如下：

①以学习小组为单位，每队选择一个主题，创作一首说唱作品。作品长度以 2~3 分钟为佳。

②学生的主要任务是填词创作，可自由选择网络上的成品伴奏，不限制歌曲类别与风格。

③所有版块与主题必须紧扣高三语文复习的知识点，学生可结合所学知识、课堂笔记和网络资料，编写专题要点。在总结知识的基础上，写出态度，写出风格。

④教师考评时主要以词的内容和质量为评价依据，演出氛围可算作加分项，学生在演唱时可请外援。

⑤教师选择优秀作品制作成录音，永久保存。

在任老师的大胆创新下，语文复习变得趣味十足，同学们的复习积极性和学习效果都有了显著提高。

成功的改革没有现成的经验可以学习，而是"摸着石头过河"，在实践中不断总结经验。创造的智慧需要教师敢于打破既有经验，为教育实践水平的提升提出新的思路、采取新的举措，及时解决教学情境中出现的新问题，以取得良好教学效果。

教育要创新，教师必须把对学生创新意识和创新能力的培养贯穿于整个教学中，循序渐进，使受学生自主自愿地参与到创新中来。教师要充分发挥学生的主体作用，使学生敢于参与并愿意参与教学活动。作为新时代的教师，我们要将不断创造的精神根植于心，乐于发现学科特点，为高效课堂建设打开一扇新的大门。